Marieluise Fleißer. 'Pioniere in Ingolstadt'

Studien zum Theater, Film und Fernsehen

Hrsg. von Renate Möhrmann

Wissenschaftliche Mitarbeiter:
Theo Girshausen und Norbert Jaron

Band 2

Verlag Peter Lang
FRANKFURT AM MAIN · BERN

Barbara Stritzke

Marieluise Fleißer
»Pioniere in Ingolstadt«

Verlag Peter Lang
FRANKFURT AM MAIN · BERN

CIP-Kurztitelaufnahme der Deutschen Bibliothek

Stritzke, Barbara:
Marieluise Fleißer "Pioniere in Ingolstadt" /
Barbara Stritzke. - Frankfurt am Main ; Bern :
Lang, 1982.
   (Studien zum Theater, Film und Fernsehen ;
Bd. 2)
   ISBN 3-8204-5975-8
NE: GT

Dieses Buch wurde durch die Gesellschaft der
Freunde der Bergischen Universität in Wuppertal gefördert.

ISSN 0721-4162
ISBN 3-8204-5975-8
© Verlag Peter Lang GmbH, Frankfurt am Main 1982
Alle Rechte vorbehalten.
Nachdruck oder Vervielfältigung, auch auszugsweise, in allen Formen
wie Mikrofilm, Xerographie, Mikrofiche, Mikrocard, Offset verboten.
Druck und Bindung: fotokop wilhelm weihert KG, darmstadt

INHALT

Vorwort von Renate Möhrmann 5
Vorwort 9
1. Der Wunsch zum Schreiben – der Weg zum Theater 11
2. Der begehrte Mann: Bertolt Brecht 13
3. Der Einfluß Bertolt Brechts auf das Schreiben der Marieluise Fleißer ... 19
4. Die Entstehungsgeschichte von "Pioniere in Ingolstadt" 23
5. Die Fabel des Stückes (Fassung von 1929) 25
6. Die Figuren des Stückes 27
   6.1. Die Dienstmädchen 27
   6.2. Ein exemplarischer Pionier: Karl. Einzug einer Großstadtmoral in die Provinz 30
   6.3. Ein männlicher Konkurrenzkampf: Zivilisten contra Pioniere 33
7. "Pioniere in Ingolstadt" – Experiment auf dem Weg zum "epischen Theater" 39
8. Die Uraufführung der "Pioniere in Ingolstadt" in Dresden 41
9. Erstaufführung der "Pioniere in Ingolstadt" in Berlin – Dokument der Arbeitsmethode Bertolt Brechts 45
10. Der 'inszenierte' Skandal 51
11. Die gesellschaftlichen Hintergründe der Berliner Kritik 55
12. Die Ingolstädter Reaktionen 63
13. Die Trennung von Bertolt Brecht und seinem Kreis 67
14. Heirat statt Emigration 71
15. Die Bearbeitung der "Pioniere in Ingolstadt". Versuch einer Aktualisierung 73
16. Vergleich der Stückfassungen von 1929 und 1968 ....
17. Die Rezeption der Bearbeitung der "Pioniere in Ingolstadt" in den siebziger Jahren 83
Anmerkungen 89
Literaturverzeichnis 105

VORWORT

> Galilei: Du siehst ! Was siehst du ?
> Du siehst gar nichts. Du glotzt nur.
> Glotzen ist nicht sehen.
> (Bertolt Brecht)

Wer die kaum mehr zu überblickende Fülle der Reihenpublikationen durch einen weiteren Beitrag dieser Art vermehrt, sollte seinen Lesern die Beweggründe hierfür nicht vorenthalten. Dabei gibt es in diesem Fall ein ganzes Bündel von Motiven. Der konkrete Ausgangspunkt ist zunächst eine Defizitsituation. Während etwa literaturwissenschaftliche, linguistische oder soziologische Schriftenreihen ihren festen Platz in den Verlagsprogrammen innehaben, gilt das Gleiche nicht für die audio-visuellen Medien. Es gibt bislang keine kontinuierliche Reihe zum Gegenstandsbereich Theater, Film und Fernsehen, obgleich seit etwa der Mitte der 70er Jahre in der Mehrzahl der westdeutschen Hochschulen in zunehmendem Maße - wenn auch zumeist an andere Disziplinen gebunden - Seminare zu diesem Komplex veranstaltet werden. Das hat zur Folge, daß ebenfalls die Zahl der Dissertationen, die sich mit theater-, film- und fernsehspezifischen Fragestellungen beschäftigen, im Steigen begriffen ist. Doch um den publizistischen Gebrauchswert ist es diesbezüglich ziemlich schlecht bestellt. Solche Arbeiten erscheinen mal hier, mal dort, oft im Selbstverlag oder innerhalb germanistischer oder soziologischer Reihenprogramme.

Dieser Disparatheit möchte die vorliegende Reihe entgegenwirken. Sie ist als ein Unternehmen geplant, das die unterschiedlichen und zum Teil noch recht diskontinuierlichen medienwissenschaftlichen Ansätze auffangen und in einen größeren theoretischen Zusammenhang stellen will. Wissenschaftliche Diskussion kann sich, wenn sie folgenreich sein soll, nur in der Kontinuität herstellen. Insofern hat die Herausgeberin, die am Kölner Institut für Theater-, Film- und Fernsehwissenschaft lehrt, ganz bewußt darauf verzichtet, die Reihe zu lokalisieren, d.h. etwa als Kölner Beiträge auf den Buchmarkt zu schicken. Gerade in Anbetracht von so jungen Fächern wie der Theater-, Film- und Fernsehwissenschaft kommt es darauf an, das Augenmerk über die Produktionsstätte der eigenen Universität hinauszulenken und überregional, ja international zu arbeiten. Geplant ist folglich, ebenfalls amerikanische Beiträge vorzustellen, da gerade in Amerika theater- und filmspezifische Fragestellungen schon sehr viel früher in den etablierten Fächerkanon aufgenommen wurden.

Doch sollte noch ein weiteres, didaktisches Anliegen, das bei der Planung dieser Reihe mit von Ausschlag war, an dieser Stelle nicht verschwiegen werden. Gemeint sind die Verfasser der wissenschaftlichen Arbeiten. Sie, die meist jahrelang isoliert, dabei allzuoft unter schwierigsten existentiellen Bedingungen ihre Analysen erstellen, unsicher darüber, ob sie nicht letztendlich bloß für vier Augen und die Schublade schreiben, sie sollen wissen, daß es ein Publikationsorgan für ihre Arbeiten gibt und dadurch einen Zusatz an Motivation erfahren. Denn ein Verfasser, der sich für seine Ausführungen kein Lesepublikum wünscht, ist ein Fabeltier der Theorie. Daß der Qualitätsanspruch dabei den Ausschlag gibt, muß nicht erst erwähnt werden.

*

Die Aufnahme von sowohl theater- als auch film- und fernsehwissenschaftlichen Arbeiten in die vorliegende Reihe ist eine konzeptionelle Entscheidung. Sie resultiert einmal aus der konkreten Lehrpraxis im universitären Bereich und zum anderen aus der wissenschaftstheoretischen Situation. Die Erweiterung der Theaterwissenschaft zu einem Fach, das die neuen Medien Film und Fernsehen zunehmend mit einbezieht, wird in fast allen theaterwissenschaftlichen Instituten und Abteilungen praktiziert, und sei es nur durch das Angebot von zusätzlichen Lehraufträgen. Das bedeutet allerdings nicht, daß damit auch eine akademische Reputation erworben wäre. Im Gegenteil, Theater-, Film- und Fernsehwissenschaften befinden sich in einer ausgesprochenen Defensivposition, sind die Stiefkinder der Wissenschaft und der öffentlichen Einschätzung. So antwortete am 25.4.1979 die Landesregierung von Nordrhein-Westfalen auf die Anfrage des Landtags, ob die Theaterwissenschaft in die Lehrpläne der Oberstufe mit einbezogen werden soll, daß "die Einrichtung eines eigenen Schul- und Abiturfachs 'Theater' nicht wünschenswert" sei. Denn, so heißt es in der Begründung der Ablehnung, "mit der gleichen Berechtigung könnte dann etwa die Einrichtung von Fächern für den 'Film' und das 'Fernsehen' gefordert werden."

Das bedeutet, daß die Studienfächer 'Theater', 'Film' und 'Fernsehen' aus der Sicht der Landesregierung nicht als validitierte Unterrichtsgegenstände gelten. In dieser Negativbilanz liegt ihr gemeinsames Dilemma. Sie haben die gleichen Etablierungsprobleme, sind gewissermaßen die akademischen Parvenüs. Hinzu kommt der Vorwurf, daß sie zwar verschiedene fachspezifische Wissenschaftsansätze vorweisen können, es bisher aber noch nicht gelungen ist, ein wissenschaftstheoretisch fundiertes Methodeninstrumentarium zur Analyse der Medienprodukte und ihres soziokulturellen Umfeldes zu entwickeln. Eine Systematik der Theater-, Film- und Fernsehwissenschaft, so wird moniert, liegt nirgendwo vor. Das ist richtig beobachtet, aber doch falsch gefragt. Denn auch wenn eine solche Betrachtungsweise vermutlich die wissenschaftliche Nobilitierung der in Frage stehenden Fächer zur Folge hätte, würde damit andererseits der Untersuchungsgegenstand selbst durch das methodologische Maschennetz fallen.

Die systematische Theorie zielt auf ein kategoriales, übergeordnetes, die Historie ausschaltendes Analysemodell, das für die darstellenden Medien einfach zu kurz greift. In der Geschichte von Theater, Film und Fernsehen zeigt sich deutlich, daß der historische Aspekt ebenso den systematischen regiert. Denn Geschichte heißt immer auch zugleich Systemwechsel. Intratheatrale Kommunikation hat sich niemals in ontologischen, von der Historie abgehobenen Räumen vollzogen, sondern innerhalb genau definierter gesellschaftlicher Institutionen, d.h. im Rahmen von Öffentlichkeitsformen von jeweils sehr unterschiedlichem Stellenwert. Eine ausgrenzende, auf übergeordnete Genauigkeit hinzielende systematische Methode könnte hier wenig vermitteln. Zu fordern wäre vielmehr ein stärkeres interdisziplinäres Vorgehen, nämlich die Nutzbarmachung anderer fachspezifischer Ansätze etwa die der empirischen Sozialforschung oder der ökonomischen Geschichtsschreibung. Daraus ergäbe sich zwangsläufig ein größerer methodischer Pluralismus.

Doch das ist kein Freibrief für Unverbindlichkeit. Im Gegenteil. Wir wissen heute, daß die Hypertrophierung einzelner Methoden, wie das noch zu Beginn der 70er Jahre die Regel war, nur in Sackgassen geführt hat. Gerade bei so janusköpfigen Untersuchungsgegenständen wie Theater, Film und Fernsehen, die sowohl Kunst als auch Kommerz sind, hat die Dogmatisierung von Methoden komplexere Erkenntnisse geradezu verhindert. So wichtig z.B. rezeptionsästhetische Erkenntnismodelle für die audiovisuellen Medien zweifellos sind, so gefährlich ist ihre Apodiktisierung. Die Ausklammerung von Publikumsforschung in unseren Studienfächern führt zu einer Verengung des Untersuchungsfeldes. Ihre Verabsolutierung hingegen verfehlt ihren Gegenstand. Die monokausale Argumentation hat stets die Eindimensionalisierung, und das heißt letztlich nichts anderes als die Verfälschung ihres Untersuchungsobjektes, zur Folge gehabt. In Anbetracht der Tatsache, daß jeder Methode eine spezifische Fehlerquote immanent ist, läßt sich der Rang einer wissenschaftlichen Leistung auch daran bemessen, inwieweit andere Methoden zumindest im Ansatz mit hereingenommen werden. Insofern - und dies sei hier ausdrücklich erwähnt - verzichtet die Herausgeberin ganz bewußt darauf, die vorliegende Reihe auf einen methodologischen Gesamtnenner festzulegen.

Die Methodik sollte stets aus der jeweiligen Fragestellung entwickelt und nicht als verabsolutiertes Instrumentarium dem Gegenstand übergestülpt werden. Nur dadurch bietet sich die Möglichkeit, daß auch die Umwandlungs- und Erneuerungsprozesse auf theatralischem und kinematographischem Sektor Einfluß in die wissenschaftliche Argumentation finden. Eine normative Methodik würde hier einer ästhetischen Zurichtungsmaschine gleichkommen, denn die besten Leistungen in allen Medien entstanden nicht zuletzt durch Regelverstöße.

Gebrochen im ästhetischen Fortschrittsglauben, jedem Definitionseuphorismus gegenüber skeptisch geworden, scheinen uns kategoriale Wesensbestimmungen von Theater und Kino, wie sie in den ersten theoretischen Abgrenzungsversuchen von Bühnen- und Leinwandgeschehen unternommen wurden, heute nicht mehr recht sinnvoll zu sein. "Die Welt des 'Kino' ist ein Leben ohne Hintergrund und Perspektive, ohne Unterschied der Geschichten und der Realitäten /¯.../. Die Bühne ist aber das Reich der nackten Seelen und Schicksale", hatte Georg Lukács in seinen "Gedanken zu einer Ästhetik des Kinos" 1913 geschrieben. Solchen Globalbestimmungen können und wollen wir nicht mehr nacheifern.

Das Ziel dieser Reihe ist vielmehr, den schillernden Gegenstandsbereich von Theater, Film und Fernsehen durch eine Vielzahl unterschiedlicher methodischer Vorgehensweisen und inhaltlicher Akzentsetzungen in seiner ganzen Komplexität deutlich zu machen und verschiedene wissenschaftstheoretische Ansätze unserer Fächer vorzustellen. So werden die einzelnen Arbeiten gleichsam als Bausteine fungieren, die in ihrer Gesamtheit den Forschungsstand der Theater-, Film- und Fernsehwissenschaft widerspiegeln sollen.

*

Nachdem der erste Band der vorliegenden Reihe (Harald Buhlan: THEATERSAMMLUNG UND ÖFFENTLICHKEIT) eine Art theoretischen Vorspann konstituiert und die Frage nach dem Verhältnis von Theaterwissenschaft und Theatersammlung gestellt hat, bietet der zweite Band, die Untersuchung von Barbara Stritzke: MARIELUISE FLEISSER. 'PIONIERE IN INGOLSTADT' eine Verschränkung von Biographie, Werkbetrachtung und historischer Darstellung eines Theaterskandals, die das subjektive Erkenntnisinteresse der Verfasserin an keiner Stelle verleugnet. Stritzke versteckt ihr konkretes 'Ich' nicht hinter der geborgten Autorität des 'Verfasser-wir'. Sie sagt 'Ich', wenn sie 'Ich' meint und besteht darauf, ihre Subjektivität als produktive Instanz zur Triebfeder ihrer Untersuchungen zu machen. Das ist durchaus legitim und kennzeichnet den feministischen Wissenschaftsansatz, der sich - ähnlich wie der historisch-materialistische - gerade dadurch auszeichnet, daß er die Kategorie der Objektivität als eine ideologische Fiktion enttarnt.

Dabei nimmt sich der Titel der Arbeit bescheiden aus im Vergleich zu dem, was die Autorin tatsächlich vorlegt. Denn neben der kenntnisreichen Auseinandersetzung mit den verschiedenen Fassungen des Dramas "Pioniere in Ingolstadt" wird eine immer noch nicht hinreichend bekannte Dramatikerin vor dem Hintergrund ihres kleinbürgerlichen süddeutschen Milieus, ihrer progressiven Berliner Schriftsteller-Freunde und den tagespolitischen Auseinandersetzungen der Endphase der Weimarer Republik lebendig und verständlich gemacht. Eingehend berücksichtigt werden die Entstehungsgeschichte des Stückes, die Uraufführung in Dresden, die Erstaufführung in Berlin, und zwar als Dokument für die Arbeitsmethode von Bertolt Brecht, die politisch beeinflußte Rezeption der Stücke sowie die Reaktion der Ingolstädter, und die Neubearbeitung und Rezeption der "Pioniere" aus dem Jahre 1968. Dabei stützt sich die Verfasserin auf ein reiches Quellenmaterial und legt besonderen Wert darauf, vor allem die theaterspezifischen Modalitäten wie Inszenierungsprobleme, Skandalvorprogrammierung und Rezensentenstreit herauszuarbeiten. Hervorzuheben ist, daß eine beträchtliche Anzahl ungedruckter Dokumente aus dem Nachlaß herangezogen worden ist.

Einige Ergänzungen und Differenzierungen wie z.B. eine eingehende Klärung der Beziehungen zwischen Brechts und Fleißers Schreibweise, die sich die Verfasserin für die Drucklegung vorgenommen hatte, konnten nicht mehr ausgeführt werden, da Barbara Stritzke am 30.4.1981 aus dem Leben geschieden ist.

Köln, 1981   Renate Möhrmann

VORWORT

Meine Beschäftigung mit dem Leben Marieluise Fleißers und ihrem Werk basiert auf einem spontanen Gefühl. Ich las in einer Zeitschrift über sie, und vor allem ihre Beziehung zu Bertolt Brecht interessierte mich.

Ich näherte mich dem Leben dieser Frau mit folgenden Fragen: Warum war da eine beinah selbstzerstörerische Lust in der Verbindung zu Bertolt Brecht? Woher rührte ihre Leidensbereitschaft? Warum erlebte sie in all ihren Männerbeziehungen dieselben Enttäuschungen, die fast immer auf ihren verzweifelten Wunsch zurückzuführen sind, bei einem Mann Anlehnung und Hilfe zu finden, was ihr jedoch in der gewünschten Intensität nie zuteil wurde?

Mit Marieluise Fleißer entdeckte ich eine Schriftstellerin, die ihrem Schreiben die eigene Biographie zugrunde legte, der das Leiden zum Ausdruck verhalf - diese Bedingungen waren mir in solch extremer From noch nicht begegnet. Ich war fasziniert von einer Sprache, die so einfach, so 'gesprochen' anmutete. Die Lektüre ihres Werkes erlebte ich, als würde es mir von der Autorin selber erzählt.

Spontan entschied ich mich, Marieluise Fleißers Leben zum Thema meiner Magisterarbeit zu machen. Der Wunsch wuchs mehr und mehr in mir, sie in einer Art Biographie zu beschreiben. Mein Ausgangspunkt war immer noch eine starke persönliche Identifikation.

Und hier stieß ich auf den ersten Widerstand: Mit dieser Inspiration im Kopf (und im Körper) hätte ich eigentlich eine Arbeit über mich geschrieben. Die emotionale Auseinandersetzung hätte mein Interesse an dieser Schriftstellerexistenz nur einseitig kommunizierbar gemacht.

Nach und nach setzte ein Prozeß der Wandlung meines Interesses ein. Ich machte es mir zur Aufgabe, bestimmte Strukturen aufzuzeigen, die einem Leben zugrunde liegen, die sich durch die Zeit hindurch übertragen lassen und somit das Verständnis einer Existenz möglich machen. Die Voraussetzung dafür ist, spontane Gefühle zu rationalisieren.

Durch den Rahmen der Magisterarbeit eingeschränkt, sah ich mich gezwungen, die ursprüngliche Idee einer umfassenden biographischen Geschichtsschreibung aufzugeben. Ich wählte ein begrenztes Thema - ihr Stück "Pioniere in Ingolstadt" -, weil sich um dieses Stück eine für das Leben Marieluise Fleißers entscheidende Geschichte rankt: Es ist die Geschichte ihrer Beziehung zu Bertolt Brecht, der ihr Schreiben grundlegend beeinflußte und die Geschichte eines Theaterskandals, durch dessen Folgen sie von Brecht getrennt wurde. Ein Entwicklungsprozeß ihres Lebens wurde dadurch unterbrochen, und es kam zu tiefgreifenden Auswirkungen, die ihr Leben in bestimmte Bahnen drängten, in einer gefährlichen Zeit: dem Nationalsozialismus. In diesen Jahren versiegte ihr künstlerisches Schaffen beinahe vollständig. Ihr Leben verlief schleppend, grenzte an die physische Vernichtung. Und doch setzte sie nach dem Krieg ihr Leben als Schriftstellerin fort, wenn auch nur noch mit einer relativ spärlichen Produktion. Marieluise Fleißer versuchte nun, ihre Vergangenheit aufzuarbeiten.

Ein wiederaufflammendes Interesse an ihrem Werk setzte gegen Ende der sechziger Jahre ein. Die jungen Autoren der neuen Volksstücke beriefen sich auf ihre Art zu schreiben. Marieluise Fleißer wurde dadurch in ihrem Selbstbewußtsein gestärkt, weil sie wußte, daß sie einer neuen Generation etwas zu sagen hatte.

Meine Absicht in dieser Arbeit ist es, deutlich zu machen, daß es bei Marieluise Fleißer um die gesellschaftliche Eingebundenheit eines Individuums geht, in dem ein Wunsch-Leben existiert, Möglichkeiten des Bewußtseins und der Phantasie. Es ist ihre Fähigkeit, dies durch Sprache, durch Poesie zu beschreiben.

Daß die Diskrepanz zwischen dem Wunsch-Leben und der alltäglichen Realität im Leben der Marieluise Fleißer sehr groß war, wird am deutlichsten in ihrer Verbindung zu Bertolt Brecht, durch dessen Persönlichkeit sie die Möglichkeit erhielt, ein Bewußtsein über diesen Zwiespalt zu erlangen. Sie lernte an ihm, doch gelang es ihr nur im Schreiben, diese Erkenntnisse zum Ausdruck zu bringen; sie in eine Lebenspraxis umzusetzen, fiel ihr schwer.

Zur Quellenlage dieser Arbeit:
Als ich im Herbst 1979 nach Ingolstadt reiste, um den im Stadtarchiv Ingolstadt aufbewahrten Nachlaß der Marieluise Fleißer einzusehen, wußte ich noch nicht, daß ich die verschiedenen Fassungen der "Pioniere in Ingolstadt" zum Thema meiner Arbeit machen würde.

Die Urfassung des Stückes, die sich als Typoskript im Nachlaß befindet, kenne ich leider nicht, da ich zu jener Zeit noch anderes Material zum Schwerpunkt meiner Arbeit sammelte. Ich beziehe mich in meiner Arbeit auf die Beschreibung der Urfassung durch Günther Rühle, die er in seinen Anmerkungen der von ihm herausgegebenen "Gesammelten Werke" der Marieluise Fleißer gibt. (Marieluise Fleißer: Gesammelte Werke. Bd. 1-3, Frankfurt a.M. 1972, Bd. 1, S. 442-444)

Darüberhinaus ziehe ich den Aufsatz von Michael Töteberg: Die Urfassung von Marieluise Fleißers "Pioniere in Ingolstadt", in: Maske und Kothurn 23 (1977), S. 119-121 hinzu.

Die zweite Fassung des Stückes, der zensierte Text der Berliner Aufführung aus dem Jahre 1929, sowie die dritte Fassung aus dem Jahre 1968 entnehme ich den Gesammelten Werken, Bd.1, a.a.O..

Alle diesen Bänden entnommenen Texte der Marieluise Fleißer kennzeichne ich in meiner Arbeit mit den Abkürzungen GWI, GWII und GWIII.

Die von Günther Rühle herausgegebenen "Materialien zum Leben und Schreiben der Marieluise Fleißer", Frankfurt 1973, gebe ich in den Anmerkungen als "Mat." an.

Ein großer Teil der von mir zitierten Texte befindet sich in dem z.T. noch unveröffentlichten Nachlaß der Marieluise Fleißer im Stadtarchiv Ingolstadt. Durch das großzügige Entgegenkommen des Neffen und Nachlaßverwalters Marieluise Fleißers, Herrn Klaus Gültig, dem ich an dieser Stelle herzlich danken möchte, war es mir möglich, die von mir benötigten Texte zu fotokopieren.

Außerdem möchte ich mich bedanken bei meinen Freunden Michael Barth, Hans Georg Hamann und Jo Hartwig, die die Zeichnungen auf den Einbänden meiner Arbeit anfertigten.

1. DER WUNSCH ZUM SCHREIBEN - DER WEG ZUM THEATER

Die Betrachtung und der Versuch einer literarischen Rekonstruktion eines Menschenlebens könnte mit der Freilegung von Kindheitsspuren beginnen. Die Kinderzeit als Zeit-Raum der Phantasie, aber auch als Einschreibefläche für Normen und Verbote eines gesellschaftlichen Zusammenlebens, die ihre Spezifizierung erfahren in einem sozialen Milieu.

Auf diese Weise beginne auch ich meinen biographischen Versuch über Marieluise Fleißer.

Nur spärliche Dokumente existieren über ihre Kindheit. Beim Betrachten und Lesen denke ich an Mädchenträume: Sie werden geträumt in einer traditionsbewußten bayerischen Heimat, in der geordneten Enge einer Kleinstadt, als "Sohnersatz" (1) in einer patriarchalisch beherrschten Familie des bürgerlichen Mittelstandes, in der grausam strengen Erziehung einer Klosterschülerin. Die Träume, die diese Mädchenseele nähren, unterscheiden sich nicht wesentlich von denen anderer Gleichaltriger derselben sozialen Umgebung. Man wird zum Helden selbsterdachter Geschichten (2), findet Zugang zu einer Phantasiewelt der Erwachsenen, dem Theater (3), erfährt sich nach und nach als ein Wesen mit bestimmten Sehnsüchten und erspürt bald die eigene Erotik, die - vor allem während der Zeit im Institut der Englischen Fräulein in Regensburg - immer wieder unterdrückt wird (4).

Diese knapp skizzierte Vorgeschichte soll den Einschnitt in Marieluise Fleißers Leben verdeutlichen, der mit dem Wechsel in eine völlig andere Umgebung, nämlich in das gesellschaftliche Leben und Treiben der Großstadt München, verbunden ist.

Marieluise Fleißer setzt nach dem Abitur 1919 ihren Wunsch durch, an der Münchener Universität Theatergeschichte zu studieren. Der Vater versuchte anfangs noch, sie durch die "Einquartierung in einem Klosterstift" (5) unter einer - wenn auch nicht selbst ausgeübten - Kontrolle zu halten; doch entgleitet sie diesen Zwängen sehr schnell, indem sie sich ein eigenes Zimmer mietet. Sie findet Freunde, bald auch den "ersten Mann in ihrem Leben" (6), den Luxemburger Alexander Weicker - "Jappes", wie er sich selber nennt -, "der in abenteuerlichem Aufzug herumläuft" (7) und sie in das Leben der Münchener Bohème einführt (8).

1922 lernt sie beim Künstlerfasching im Steinickesaal - einem Treffpunkt der Münchener Bohème - den Schriftsteller Lion Feuchtwanger kennen.

Ihm bringt sie ihr erstes Geschriebens, das er jedoch mit der vernichtenden Kritik "expressionistischer Krampf" verwirft, doch nicht ohne ihr die Belehrung mit auf den Weg zu geben: "Heute schreibe man 'neue Sachlichkeit'" (9). Sie schreibt neue Geschichten und bringt sie Feuchtwanger; von denen läßt er einzig die Erzählung "Meine Zwillingsschwester Olga" - die später den Titel trägt "Die Dreizehnjährigen" und das Material zum Stück "Fegefeuer in Ingolstadt" ist - gelten, das übrige verbrennt sie "aus Zorn" (10).

Lion Feuchtwanger wird zu einem wichtigen Mann für Marieluise Fleißer. Sie nennt ihn "ihren Entdecker" (11). Feuchtwanger war nicht nur Entdecker und Förderer Marieluise Fleißers, sondern vieler junger Schriftsteller, vor allem auch Bertolt Brechts. So erwähnt z.B. der Schriftsteller Arnolt Bronnen Feuchtwanger in seinem Bericht über die Münchener Kultur-Szene jener Jahre:

... und man konnte feststellen, daß in und um München fast die ganze deutsche Literaturgeschichte, angeführt von Thomas Mann und abgeführt von Hanns Johst, wohnte. Da gab es Theaterenergien wie den roten Recken Albert Steinrück und den feinnervigen, gebildeten Erich Engel. Da gab es die revolutionäre Münchener Jugend, deren Sprecher Johannes R. Becher war. Da gab es den klugen, den unvölkischen Beobachter Lion Feuchtwanger, Schnittpunkt von Theater, Literatur, Publizistik (12).

Den engen, freundschaftlichen Kontakt zu Lion Feuchtwanger beschreibt sie in ihren autobiographischen Berichten "Frühe Begegnung", "Aus der Augustenstraße" und in der Erzählung "Avantgarde". (GWII u. III)

Schon zeichnet sich eine Entwicklung in ihrem Leben ab, während der sie sich mehr und mehr von der bürgerlichen Existenz des Mädchens aus der Provinz entfernt. Als junge Schriftstellerin unter Künstlern und Literaten wird sie schnell aus ihrem bislang soliden Lebenszusammenhang hinausgerissen. Doch sind ihre Gefühle noch zwiespältig: das behütete Leben, die Angst des Bürgers vor einer unsicheren Künstlerexistenz rumoren stark in ihr - es wird immer eine Spaltung zwischen Wunsch und Realitätsbestimmung in ihrem Leben geben, eine Gewichtung, die nicht zugunsten der Wünsche neigt. Darüber schreibt Marieluise Fleißer:

> Da kamen zum Beispiel die Briefe von den Leuten daheim, Briefe, die warnten, Briefe, die sie beschworen aus einer begreiflichen Angst, Briefe, die sich lossagten, gab sie nicht nach. (...) Sie hing an den Leuten daheim, da blieb immer was hängen. Außerdem wollte keiner mehr zahlen, so, da konnte sie fest Luftsprünge machen. Sie war selber schuld, sie hatte es nicht anders gewollt, sie war doch kein Bürger. Das war aber hart, kein Bürger zu sein. Es wurde nachgerade unmenschlich. Man konnte davon nicht zurück, hatte man es einmal getan. Die letzten Dinge wußte man nie. Es war quälende Unsicherheit im ganz persönlichen Bereich der eigenen Existenz. Es würde sich noch überspitzen. Alles konnte daraus werden, sogar der Tod. Es war dem Wesen nach nur Gefahr. So eine setzte alles aufs Spiel. Das konnte sie ihren Leuten daheim nie erklären. (GWII, S. 122 f.)

Diese Einschätzung ihrer damaligen Situation gibt Marieluise Fleißer im Alter. Als junge Frau jedoch glaubt sie, sich von der bürgerlichen Existenz lösen zu müssen, um ihren Wunsch, zu schreiben, konsequent einlösen zu können (13).

Lion Feuchtwanger bestätigt sie darin, stärkt ihr Selbstbewußtsein durch Anerkennung ihrer literarischen Produkte. In ihrer Erzählung "Avantgarde" schreibt Marieluise Fleißer über ihn:

> Der Jude /⎯Lion Feuchtwanger_7 ließ sie gelten mit dem inwendigen Streben, mit dem, was an ihr das Besondere war, nie wieder durch einen anderen war, mit der persönlichen Berufung. Das erlösende Wort hatte er dafür. (...) Für den Juden war sie eine Person, ... (GWII, S. 151)

Lion Feuchtwanger ist es auch, der sie mit dem Mann zusammenbringt, der den bedeutendsten und nachhaltigsten Einfluß auf das Leben und Schreiben der Marieluise Fleißer haben wird: Bertolt Brecht.

2. DER BEGEHRTE MANN: BERTOLT BRECHT

"Beim Lion lernte ich aufregende Leute kennen." (GWII, S. 310)
Der aufregendste von allen war zweifellos Bertolt Brecht. Ihn lernt Marieluise
Fleißer im März 1924 kennen. Lion Feuchtwanger hatte Brecht von ihr zu lesen
gegeben. Lange kommt kein Zusammentreffen zustande, die Atmosphäre verdichtet
sich: Zunächst einmal nimmt Bertolt Brecht literarisch für Marieluise Fleißer Gestalt an. Feuchtwanger erzählt ihr viel von seinem neuen "Hausdichter" und drückt
ihr "dessen Balladen in die Hand", von denen sie sagt, daß sie ihr "sehr zu schaffen machten" (GWII, S. 297). Sie liest den "Baal", dann sieht sie "Trommeln in
der Nacht" auf der Bühne und da "war es um (sie) geschehn" (GWII, S. 298).
In diesem Zeitraum von zwei Jahren wächst ein intuitives Wissen in ihr: "... von
diesem Dichter komme ich nicht los, der hat was für mich, der gräbt mich um,
an dem komme ich im Leben nicht vorbei." (GWII, S. 298)

Das Wort "umgraben" drückt exakt das Verhältnis der beiden zueinander aus:
Bertolt Brecht, der überaus Aktive, seine starke Persönlichkeit als Werkzeug benutzend, um einen unbestellten, fruchtbaren Boden zu bearbeiten und für die eigenen
Ideen nutzbar zu machen, - und die Fleißer ist bereitwillig, denn er ist mehr als
einer, von dem man lernt: Er hat Ausstrahlung und Faszination. Dieser so starke
Eindruck, dieser Wunsch, Mitstreiter für seine Ideen zu werden durch die eigene
Produktivität, durch die eigene künstlerische Arbeit, zieht sich durch ihr ganzes
Leben, selbst wenn sie diesen Wunsch für lange Zeit verdrängt.

Die Beziehung Fleißer-Brecht ist ein Angelpunkt meines Interesses an dieser Frau.
Ich verfolge dabei eine Geschichte zurück, die erst im Alter beschrieben wird,
aus der Erinnerung. Es geht dabei um ihre Gefühle, die lange Zeit verdrängt wurden, langsam aus dem Unbewußten zurückgeholt und dadurch eigenartig gebrochen
werden: Die Beschreibungen des jungen Brecht sind zurückhaltend, kein Voyeurismus
des Lesers, an einer Liebesgeschichte teilzuhaben, kann sich einstellen. Diese Form
der künstlerischen Gestaltung faszinierte mich: Die Ebene der (scheinbaren) Privatheit von Gefühlen wird verlassen, die beschreibenden Worte ermöglichen das
Betrachten einer Beziehung zweier Menschen zueinander aus einer Distanz, die
durch die Autorin selber vorgegeben ist. Es ist, als läse man zwischen den Zeilen:
die Schilderung des jungen Brecht impliziert gleichsam ihr Gefühl zu diesem Mann.
Es ist das Anliegen einer Künstlerin, Erlebtes zu verarbeiten und für den Leser
nutzbar zu machen. Sie beginnt damit in einer Zeit der Vereinsamung mit der Erzählung "Avantgarde" - ursprünglicher und das Problem genau charakterisierender
Titel: "Das Trauma". Zu dieser Geschichte sagt Marieluise Fleißer:

> Die Brecht-Geschichte war das Erste, woran ich mich nach Jahren der
> Unterbrechung versuchte; es ist eine Geschichte, aber ich habe mir damit
> ein Trauma von der Seele geschrieben. - Brecht war schon sechs Jahre
> tot, ich war allein, ich wollte ihn mir ins Leben zurückrufen und habe ihn
> im Schreiben sehr nahe an mich herangezogen, es war wie eine Beschwörung. (GWIII, S. 314)

Beim ersten Erscheinen von "Avantgarde" im Jahre 1963 löst die Geschichte jedoch einige Mißverständnisse in der literarischen Öffentlichkeit aus. Denn sie fiel
genau in eine Zeit, die noch von "kalter Kriegsführung" überschattet war: "Keine
zwei Jahre waren seit dem Boykott gegen Brechts Stücke nach dem Berliner Mauerbau vergangen" (14). Anhänger Brechts vermuteten in Marieluise Fleißers Porträt

des jungen Mannes Brecht Munition für die Gegner. So schreibt z.B. Elisabeth Endres in der "Zeit":

> Als wäre Bertolt Brechts Bild nicht schon genügend umstritten, als schlüge der Kampf um ihn nicht schon zu hohe Wogen, erinnert sich nun auch die Schriftstellerin Marieluise Fleißer ihrer frühen Bekanntschaft mit ihm. (...) Ich glaube auch nicht, daß es ihr darum geht, sich ein Trauma von der Seele zu schreiben. Es scheint mir vielmehr eine berechnende Anklage gegen den Menschen Bertolt Brecht zu sein (15).

Wieder gerät Marieluise Fleißer zwischen die Fronten einer Öffentlichkeit, ohne es zu wollen - wenn auch nicht mit den Auswirkungen des einstigen "Pionier"-Skandals. Die Kritik trifft sie sehr, Angst und Unsicherheit mischen sich hinein, sie hat es schon einmal erleben müssen, daß man ihr die Existenzgrundlage, das Schreiben, entzog. So schreibt sie in einem Brief an die befreundete Schauspielerin Therese Giehse:

> Die "Zeit" ist ein wichtiges linkes Blatt, es freut mich nicht. Hoffentlich läßt sich Radio Zürich dadurch nicht abschrecken, den bestellten Beitrag in der Brechtserie zu bringen. Ich habe darin auch ein paar Sätze zu meiner Brechtgeschichte gesagt, weil sie mir nach einigen Mißverständnissen notwendig erscheinen. Ich habe ja sonst keine Plattform, wo ich mich wehren kann, hoffentlich wird mir der Passus nicht gestrichen (16).

In einem anderen Brief schreibt Marieluise Fleißer über "Avantgarde":

> (...) und bei dieser Geschichte sind Angriffsflächen gegeben, da kann mich einer fertig machen, wenn er will. Ich persönlich finde zwar, daß sie einen wirklichen Beitrag zur Brechtforschung enthält, es sind alle diese Züge drin, die man nur wissen kann, wenn man sie mitangesehen hat, (...) ich habe kein Denkmal aus ihm gemacht, das Lebendige ist mir immer lieber, und dafür schlägt man mich. Es wird halt von vielen für eine Legendenbildung um den Brecht gesorgt und da sorgt man auch für die Verfemung dessen, was sich da nicht einfügt, weil es die Rauheiten der Wirklichkeit trägt (17).

Ich versuche nun, Material zu liefern, das dem Leser ermöglicht, sich ein Bild des Verhältnisses Fleißer-Brecht zu machen.

Dabei kann es nicht bei der puren Aufzählung historischer Fakten bleiben, denn daraus läse man nur schwerlich die Verwicklung von Gefühlen und die Spannung einer solch widersprüchlichen Beziehung.

Der Wunsch nach dem Mann Brecht verstärkt sich über zwei Jahre, und als sie ihn dann endlich trifft, ist sie sofort 'getroffen' (18):

> Und als er sich Zeit genommen hatte für mich und ich die herrlichen Jochbogen sah in dem mageren Gesicht und wie seine Augen über die Menschen spazierten, da hatte ich es mir zu stark gewünscht, vor Aufregung brachte ich keine zwei Worte heraus. (GWII, S. 299)

Daß es einem Menschen die Sprache verschlägt, wenn er mit einem bestimmten Menschen zusammentrifft, daß das Leben mit solch einem Menschen eine Kraft überträgt, die so suggestiv ist, daß er sich ihr kaum mehr entziehen kann und will, ist nachvollziehbar für mich, doch stoße ich zugleich auch auf die Widersprüche, die man wahrnehmen muß, wenn man versucht, sich Gefühle bewußt zu machen, sie zu erklären.

In meiner Arbeit versuche ich nachzuweisen, daß Bertolt Brecht für Marieluise Fleißer eine Art e n t ä u ß e r t e s I c h wurde, in dem sie ein Leben spürte, das sie sich selber stark wünschte.

Ich merkte sehr bald während des Arbeitsprozesses, daß ich an Ursprünge dieses Phänomens stoßen mußte, um mir nur annähernd ein Bild dieser Beziehung machen zu können. Und diese Ursprünge entdeckte ich in den autobiographischen Aufzeichnungen Brechts der Jahre 1920-22.

Bisher hatte sich meine Beschäftigung mit Brecht auf dessen literarische, gesellschaftliche und politische Bedeutung beschränkt, vom Menschen Brecht hatte ich nur ungenaue Vorstellungen. Ich las seine Tagebuchaufzeichnungen, und er wurde 'lebendig' für mich. Seine Aufzeichnungen wurden zu einem Medium für mich, das mich, kraft seiner Worte, die Energie dieses Mannes spüren ließ.

Meine These, es sei Marieluise Fleißers Wunsch, das 'entäußerte Ich' durch einen anderen Menschen zu erleben, wurde mehr und mehr bestätigt, las ich doch, wie selbstbewußt er sich gegen alle Normen stellte: der 'Bürgerschreck', dessen Art etwas Zwingendes hatte, weil eine Kraft in dem steckte, was er sagte und tat. Der folgende Rimbaudsche Vers beschreibt meinen Eindruck anschaulich:

> (...) Sind wir voller Kraft -
> wie da zurückweichen?
> Voll Heiterkeit -
> wie da zum Gespött werden?
> Und zeigen wir unsere Zähne -
> was wird man uns anhaben?
> Lachen, Tanz und Mummenschanz.
> Niemals könnte ich die Liebe zum Fenster rauswerfen! (19)

Eine Ahnung vom eigenen Genie haben: für Brecht ist das ein Leichtes. Marieluise Fleißer schreibt darüber: "Er nahm sich die Freiheiten eines Genies, und es war das Genialische, was sie ihm unentrinnbar verband." (GWIII, S. 117) So lebt er seinen "Baal". Für Marieluise Fleißer sind die Figur Baal und der Mensch Brecht identisch (20).

Schnell wird Brecht zum Mittelpunkt seines Freundeskreises und mißt die anderen an sich selbst. Er will die Menschen so haben, wie er sie sich wünscht; vor allem die Frauen. Und was er sich an Frauen wünscht, ist mehr erdacht als real gefunden. Sie müssen von einer Natürlichkeit und Einfachheit sein, Eigenschaften, die ihm die Möglichkeit geben, die eigene Phantasie auf sie zu projizieren. Das hängt auch mit dem Sprachempfinden zusammen - die Affinität zu Marieluise Fleißers sprachlicher Gestaltungskraft beweist das. Schon gebildete (21) Frauen interessieren ihn weniger:

> Daß ich diese Frauen wie Hedda und Edith nicht erzählen hören kann! Es ist alles falsch und geschminkt und stillos, die Sätze wie Karfunkel oder Abszesse, geschwollen und ungesund farbig. Und dann stimmt auch nichts, und ich mag Urteile nicht. Habe auch einen Widerstand gegen Lebensbeichten, (...). Bi dagegen höre ich gern: Ich weiß, wie sie ist, und sie tut nichts zu den Dingen hinzu (22).

So erklärt sich auch seine Abneigung gegen intellektuelle Frauen, die auch in der Beeinflussung Marieluise Fleißers zum Ausdruck kommt:

> Sie hätte selber gern an ihrem Doktor gebaut. "Was hast du vom Doktor?" redete er ihr ein, "schreiben kannst du auch so. Da hilft dir kein Doktor dafür, zuvor mußt zu leben. Bleib du nur bei mir, und du hast auch schon deinen Weg. Aus den Zufällen muß man etwas machen." (GWIII, S. 117)

Ein Zug zur Unterwerfung bestimmt sein Verhältnis zu Frauen. Er ist derjenige, der die Frauen zu sich heranziehen will, von ihm geht jede Aktivität aus. Er will besitzen, doch haßt er es, besessen zu werden. Würgegriffe von Gefühlen versucht er sich vom Hals zu halten. Die Enge, in die er die Frau treibt, darf für ihn selber keine Einschränkung sein. Sein Bewußtsein würde auch jeden Gefangenschaftsraum sprengen, sein Körper-Gefühl hat etwas Anarchisches: Grenzen müssen überschritten werden. Eine Moral, die tabuisiert, ist Fessel. Dagegen steht die Ent-Regelung des Lebens. Bewußtsein muß körperlich werden, denn erst durch den Körper wird es lebendig, kann es auf andere übergreifen. So wünscht er sich seine Wirkungskraft:

> Er (sein Freund Orge - B.S.) sagt mir, daß ich eitel werde, und das ist nicht falsch, so etwas sieht er. Aber ich muß meine Gedärme umstülpen und die Haut. Sie sollen mich sehen, wie ich innen bin. Meine Gedanken denkt immer noch der Kopf allein. Ich muß meine Hände dazu verwenden (23).

Der Bewußtwerdungsprozeß ist ein sinnlicher Prozeß. Brechts Fühlen ist elementar. Das, was man im bürgerlichen Leben von sich abstoßen muß, was tabuisiert und in gesellschaftlichen Konventionen gebunden ist: das Körper-Sein, läßt er aus der Form ausbrechen. In diesem Gefühls-Potential hat keine Normierung Platz, man gebiert sich selber noch einmal: "Ich werde den Spiegel kaputtmachen können. Das ist was für feine Leute. So bin ich, freut euch! Häßlich, frech, neugeboren, aus dem Ei. (Mit Eihäuten, Kot, Blut, immerhin.)" (24)

Doch auch er braucht seine Spiegel, er erlebt die eigene Entäußerung durch Frauen, ganz besonders durch Schauspielerinnen. Zu dieser Erkenntnis kommt Marieluise Fleißer - freilich erst im Alter, aus der dem unmittelbaren Gefühl entzogenen Distanz: "(...) aber er konnte es nicht leiden, daß ich schweigsam war und verschlossen, Brecht wollte aktive Frauen, die auf ihn übergriffen" (25). Und so beschreibt sie Brechts Wunsch:

> Schauspielerin mußte man sein, daß er sich unmittelbar durch die Frau ausdrücken konnte. Das war die wahre Ergänzung für so einen Mann, das brauchte er wesentlich. Damit fing er wirklich was an, und das brachte ihn fort, denn dann konnte er sich körperlich sehn. Sie machte es ihm vor, was sich darstellen ließ und was nicht, das Irgendmögliche holte sie ihm zuliebe heraus (...). (GWIII, S. 137)

Sein Verhältnis zu Frauen ist von Widersprüchen geprägt. Sinnlichkeit und Habenwollen sind eng miteinander verknüpft. Die Frauen sind gelebte Erotik, Medium des eigenen Fühlens und dadurch auch immer ein Teil seiner selbst. So wird es ihnen fast unmöglich gemacht, ihre Individualität frei zu entfalten. Arnolt Bronnen schreibt darüber:

> (...) er hatte auch die Aura eines Kindes, zog, ohne es zu wollen, Blicke, Gefühle, Tastversuch, Berührungsgier an sich. Auch das hatte er mit einem Kinde gemein: Was er sah, wovon er hörte, wollte er haben (26).

Nicht gerne ist er bereit, Verantwortung zu übernehmen, seine Vorstellung von Genuß kollidiert mit einer moralischen Normierung:

> Ich aber laufe gleichgültig und trottend mit, mit gleichem Gesicht, im Bett genießend und ohne Verantwortung, betrügerisch vielleicht, fähig, über meine Verhältnisse hinauszustoßen, ziemlich kalt, ganz unpolitisch. (27)

Er versucht, seine Wünsche diktatorisch durchzusetzen. Kein Wunsch, der nicht sein eigener ist, wäre stark genug, neben ihm zu existieren. Und er verkörpert eine Vielfalt von Wünschen, darin liegt etwas Faszinierendes:

> Als ich heute vor dem Spiegel (!) Kirschen fraß, sah ich mein idiotisches Gesicht. Gegen die geschlossenen, schwarzen Kugeln, die im Mund versanken, wirkte es noch ungebundener, lasziver und widerspruchsvoller. Es hat viele Elemente von Brutalität, Stille, Schlaffheit, Kühnheit und Feigheit in sich, aber nur als Elemente, und es ist abwechslungsvoller und charakterloser als eine Landschaft unter wehenden Wolken (28).

All das sind Beschreibungen des jungen Brecht, die Zeugnis geben von der Vielschichtigkeit seiner Persönlichkeit. Und er hat ein Talent, seine vielen Gesichter zu profilieren. Er pflegt ein bestimmtes Image, inszeniert seine Auftritte, was Marieluise Fleißer in einem Satz sagt: "Man mußte auffallen, das war wichtig." (GWII, S. 310)

Sein äußerer Habitus fügt sich in die Selbstinszenierungen. Er hat eine Art, die Leute auf sich aufmerksam zu machen, die alles andere als gefällig zu nennen ist. Rebellion liegt in seiner Extravaganz. Eine interessante Zeichnung der Persönlichkeit des jungen Brecht findet man in codierter Form in Feuchtwangers Roman "Erfolg" (29). Marieluise Fleißer schreibt darüber:

> In seinem Roman "Erfolg" hat Feuchtwanger einen erschreckenden Einfall. Im jungen Ingenieur Pröckl zeichnet er den damaligen Brecht und läßt den Doppelgänger zu dieser Schlüsselfigur, den umstrittenen Kunstmaler, in einem Irrenhaus leben. Feuchtwanger hatte seine Vorstellung vom Genie geteilt. (GWII, S. 298)

Nach dem Lesen der Tagebuchaufzeichnungen glaubte ich, dem Problem, das der Beziehung Fleißer-Brecht zugrunde liegt, etwas näher gerückt zu sein. Faszination hat für mich immer etwas Widersprüchliches, und nur so kann ich das Leiden der jungen Marieluise Fleißer an dem Mann Brecht verstehen, das in gesellschaftlicher Eingebundenheit ein Korrelat zur Lust, zum Wunsch-Leben ist (30). Die Bilder, die Marieluise Fleißer vom jungen Brecht gibt, verstehe ich nicht als Anklage, sondern als Beweis dafür, die Chance verpaßt zu haben, nicht in der Lage gewesen zu sein, die Freiheit, die in solch einer Lebendigkeit liegt, mitzuleben, für sich zu leben.

Altgeworden bekennt sie, daß Brecht "ihr einen Zipfel vom starken, vom glühenden Leben" (GWIII, S. 117) bot, doch wurde sie nie zu ihrem eigenen Leben. Es ist ein Mangel, der mir durch ihre Biographie hindurch immer wieder bewußt wird: ein Mangel an eigenständigem, aktiven Leben. Sie zehrt von der Erlebniswelt anderer. So schreibt sie beispielsweise in einem Brief:

> Ich wollte, ich könnte noch einmal mit ihrem jugendlichen Schwung im Leben stehen. Meine Erfahrungen und ihre Jugend, es wäre eine ideale Mischung, um was auf die Welt zu bringen. Ich muß es mir so mühsam heranziehen (...). (31)

Ich glaube, daß Marieluise Fleißer dieser Mangel immer bewußt war (32).

3. DER EINFLUSS BERTOLT BRECHTS AUF DAS SCHREIBEN DER MARIELUISE FLEISSER

Es begegnen sich zwei Menschen, die ein ähnliches Sprachempfinden miteinander verbindet: Bei Bertolt Brecht geht es über die Intuition hinaus, seine Anforderungen an Sprache sind in hohem Maße bewußt, sie muß einfach, naiv, ausdrucksstark sein durch das Bild, das sie gibt.

Marieluise Fleißer schreibt so - unbewußt, wie sie es selber nennt: "Sprache kommt bei mir aus dem Unbewußten heraus, ich kann sie mir nicht aussuchen" (33). Das Unbewußte ist ein Schlüsselwort in Marieluise Fleißers Berichten über sich und ihre Art zu schreiben. Immer wieder betont sie, daß sie sich Sujets - soll deren Beschreibung gelingen - nicht bewußt auswählt, das heißt, daß ihr Schreiben nicht die Folge eines vorausgehenden Reflexionsprozesses ist, sondern Erlebnis und Eindruck unmittelbar in sprachlichen Ausdruck verwandelt werden. Auf die Frage, ob ihrem Schreiben eine Theorie zugrunde liege, gibt sie zur Antwort, daß sie nur in einem einzigen Fall versucht hat, ein Drama - es handelt sich um den "Karl Stuart" - nach einer klassischen dramatischen Konzeption zu schreiben. In einigen Briefen an junge Autoren, die ihr eigenes Geschriebenes zu lesen gaben, weist sie auf Gustav Freitag "Die Technik des Dramas" als "gutes altes Hausmittel" hin, mit dem man allerdings "frei umgehen" (34) müsse. Über die Entstehung ihrer Erzählungen sagt sie: "Das ist mir vollkommen natürlich, wie ich schreib. Ich schreib' auch, ohne vorher zu wissen. Wenn ich mir einen Plan mach', dann wird's nichts, dann hör ich auf. Ich schreibe intuitiv" (35).

Wenn Marieluise Fleißer sagt, ihre Sprache komme aus dem Unbewußten, so ist dies in der Formulierung ein wenig unpräzis. Sprache ist bewußt, nur der Umgang mit ihr, die Montage kann aus dem Unbewußten beeinflußt, gelenkt werden. Dadurch erhält die Sprache eine eigene Qualität: Was man nicht reflektiert, was vielmehr nur erst als Gefühl erfahrbar wird, wird nicht durch das Wort erfahren, sondern durch das Bild, dem eine sensuelle Wahrnehmung zugrunde liegt. Die Motorik des Schreibens bei Marieluise Fleißer ist das Fühlen. Obwohl sie selber meint, ihr Schreiben sei nicht bewußt, nicht reflektiert, scheint an ihrem Werk oftmals das Gegenteil deutlich zu werden. Ihre Gefühlsbeschreibungen sind sehr präzis, nicht etwa nur subjektivistisch, sondern das erzählende Ich berichtet aus einer Distanz: wenn man bei ihr von einer Methode sprechen kann, dann ist es die, sich im Erzählen zu objektivieren, indem sie autobiographische Erfahrungen in Kunstfiguren projiziert (36).

Bertolt Brecht erkennt diese Fähigkeit sofort als Perspektive weg vom expressionistischen Schreiben hin zur sachlichen Beschreibung, deren Reiz und Ausdruckskraft jedoch gerade darin besteht, daß es sich um kein sprachliches Konstrukt handelt, sondern an Beobachtungsursprünge reicht: "Daß ich den Bericht gleich als Ausdruck bringe, sagte er mir". (GWII, S. 299)

Er versucht, Marieluise Fleißers Begabung für sich zu nutzen, d.h. für die Entwicklung einer neuen Form des Theaters: des "epischen Theaters". Und Marieluise Fleißer läßt sich ganz und gar in seine Richtung leiten, nicht reflektierend, dem Gefühl folgend: "Ich schrieb auf den Mann zu nach meinem damaligen Vermögen, ich hatte nur Brocken. Brecht hatte tabula rasa in mir gemacht." (GWII, S. 299) Und in ihrer Erzählung "Avantgarde" schreibt sie:

> Sie selber wollte auch schreiben. Sie war blutjung, eine kleine Studentin, die sich noch nicht kannte, den Kopf vollgesponnen von ihrem Wollen, das einstweilen doch nur anmaßend war. Mit diesem Wollen geriet sie an ihn und wurde ganz stark gebrochen. Der Mann war eine Potenz, er brach sie sofort. Es würde sich zeigen, ob sie es überstand. (GWIII, S. 117)

Das Wollen in ihr - als Gefühl - und die Zielstrebigkeit Brechts, der die überaus große Fähigkeit besitzt, Erkenntnisse kommunizierbar zu machen, bestimmen von Anfang an eine Gewichtung im Zusammenleben der beiden, in dem Brecht der dominierende Part zukommt. Die Fleißer lernt von ihm: "Sie lernte schreiben an der Art wie er schrieb." (GWIII, S. 117) Wie stark Brechts Sprache auf die Fleißer wirkte, beschreibt sie im Alter:

> Mich hat an ihm seine Sprache so erregt. Diese Sprache hatte überhaupt kein Bildungserlebnis, sondern er wollte mehr ins Volk reingehen mit der Sprache, hatte ich den Eindruck. Die Sprache war einfach höchst erregend. Ich empfand sie auch als sehr modern, sie war nicht verschnörkelt (37).

Zwei Komponenten, die für den jungen Brecht charakteristisch sind: die eine ist die des "modernen" Brecht, des Technik- und Großstadtfaszinierten, der vor allem die Menschen beschreiben will, deren Leben sich in den Großstädten und im Zuge einer technischen Entwicklung verändert und von Widersprüchen bestimmt wird, die es gilt, durchsichtig zu machen.

> Der frühe Brecht war kein Mann, der auf dem Land hätte leben mögen, in der Großstadt lebte er aus Ueberzeugung. Dies sei eine City, betonte er, ein Ort, an dem die Menschen leichter miteinander in Verbindung treten und ihre Geschäfte betreiben. Er war also Großstädter (38).

Die andere Komponente ist die des 'volksnahen Beobachters': das Erforschen einer Volkssprache, die einfach anmutet und doch sehr präzis menschliche Verhältnisse und Situationen ausdrückt. Marieluise Fleißer beschreibt das so:

> Brecht redete mit mir über ganz naive Dinge. Ein Holzhackerlied hatte es ihm angetan, und das sang er mir vor, zum Beweis, wie eine Sprache zwingend sein kann, mit wie wenig Mitteln. "Mir sein de lustigen Holzhackergeselln und mir tean, was ma wölln." Und er stand auf und machte einen Schritt wie auf der Bühne, wenn er mir vorsagte: "Wer will unter die Soldaten, der muß haben ein Gewehr, das muß er mit Pulver laden und mit einer Kugel s c h w e r ." Und die Kugel rollte gleichsam in seiner Hand nach vorn, da sagte er nochmal "und mit einer Kugel s c h w e r", daß ich merkte, worauf es ihm ankam. So einfache Beispiele nannte er mir für eine Sprache, in der das Wesentliche ausgedrückt ist, so daß sich nichts davon wegnehmen und nichts hinzufügen läßt. Er hatte es mit dem Volksmund, der kam nicht von ungefähr. Über den winzigen Satz "da kenn i nix" konnte Brecht ausführlich reden und über die verfeinernde Verwandlung im Menschen, wenn er in seinen Angelegenheiten nichts mehr ausrichtet, weil er eben dann "was kennt". Ich empfand es so, als führte er mich zum Ursprung der Sprache hin, dorthin wo sie entstand. (GWII, S. 300) (39)

Um zu diesen Ursprüngen zurückzufinden, bedarf es eines intensiven Beobachtens. Gewohnheit verdirbt, bei jedem Hinschauen muß es quasi das erste Mal sein, um so das Typische zu filtrieren: "Sie müssen kindlich schreiben", empfiehlt ihr Brecht. "(...) Auf die Naivität kommt es an, schreiben sie ganz naiv." (GWII, S. 299) Naivität ist ein entscheidendes Kriterium für Brecht: "Für den frühen Brecht gehörte die Naivität zu den Köstlichkeiten des Schreibens" (40). Über die Gestaltung ihrer

Stoffe schrieb Marieluise Fleißer 1929:

> Stoffe dieser Art (Wie "Pioniere" - B.S.) verlangen im Gegensatz zur analytischen die synthetische Form des Dramas, im Gegensatz zum natürlichen das naive Sehen, so wie ein Kind den Begriff Haus auf seine Schiefertafel zeichnet, nämlich nicht das beliebige Haus gleich um die Ecke in der Dorotheenstraße, sondern etwas viel Aufregenders: Striche für Mauern, ein Dach, Fenster, Tür, das Kennzeichnende des Hauses schlechthin. Sitten und Gebräuche dürfen nicht natürlich, das hieße verkleinernd, gespielt werden, sondern in einer höheren Art aufzeigend, so daß sie typisch gemacht, wesentlich auffallend, erstmalig sind. Nicht Milieu, sondern bereits Tacitus (41).

Das Wort Naivität bezeichnet den Zustand einer erlebten Synthese des gesellschaftlichen Menschen mit seinem natürlichen Zustand (42). Schiller gebrauchte das Wort Naivität im Zusammenhang mit Natur; der Mensch wird in

> künstlichen Verhältnissen und Situationen mit dem Anblick der einfältigen Natur überrascht (...). Diese Art des Interesses an der Natur findet aber nur unter zwei Bedingungen statt. Fürs erste ist es durchaus nötig, daß der Gegenstand, der uns dasselbe einflößt, N a t u r sei oder doch von uns dafür gehalten werde; zweitens, daß er (in weiterer Bedeutung des Worts) n a i v sei, d.h., daß die Natur mit der Kunst im Kontraste stehe und sie beschäme. Sobald das letzte zu dem ersten hinzukommt, und nicht eher, wird die Natur zum Naiven (43).

Naives Sehen beschreibt einen Prozeß, in dem das Subjekt das Objekt spontan erfaßt, sich dabei aus einer enggebundenen gesellschaftlichen Spezifizierung löst und Wesenszüge des Objektes als die eigenen begreift. Naives Betrachten heißt daher immer: eng mit dem zu beobachtenden Objekt verbunden sein, in einen unmittelbaren Zusammenhang mit ihm treten.

Das zeichnet Marieluise Fleißers Werk aus: Ihr Ausgangspunkt ist fast immer die direkte Beobachtung, das Erleben von Situationen. Sie schreibt nicht fiktional, im Sinne von künstlichem Erfinden eines Stoffes. Die Fähigkeit eines Künstlers mißt sie an der Kunst, "das Wesentliche und für die Gesellschaft Wichtige zu sehen und heraufzuholen. (...) Sich den Lebenskräften verpflichtet fühlen, nicht den Hirngespinsten und Surrogaten" (44). Selten schreibt sie aus der puren Phantasie, sondern die Impulse kommen aus dem Realitätserleben. Eine Eigenart ihres Schreibens ist es, daß sie sich immer auf irgendeine Weise mit den zu beschreibenden Stoffen verknüpft sieht: "Ich habe meine Stoffe nicht gewählt, sie haben sich meiner bemächtigt und sind durch mich hindurchgegangen" (45).

Es scheint eine körperliche Verbundenheit mit ihren Werken zu bestehen, bei deren Aufschreiben ihr "Substanz verlorengeht" (46). Es ist, als trage sie das Erlebte wie ein Organ, ein Stück Materie in sich und gäbe es während des Schreibens wieder ab, tatsächlich existiert es dann als Material.

Bertolt Brecht ist es, der ihren Beobachtungssinn schärft. Er stellt ihr Aufgaben:

> In einer völlig fremden Straße konnte er einem mittendrin die Aufgabe stellen: Sie schreiben eine Geschichte, die sich in dieser Straße abspielt, was würden sie da finden, was kann hier passieren? Dann sollte mir was einfallen, was dafür charakteristisch war. (...) Nach diesem Rezept habe ich über eine Münchner Gegend das Abenteuer aus dem Englischen Garten geschrieben (47).

Auf ähnliche Art und Weise, nur in stärkerem Maße von Brecht konzipiert, entsteht das Stück "Pioniere in Ingolstadt".

4. DIE ENTSTEHUNGSGESCHICHTE VON "PIONIERE IN INGOLSTADT"

Brechts Konzeption liegt dem Stück "Pioniere in Ingolstadt" zugrunde. Es ist "fast eine Auftragsarbeit für Brecht" (48). An diesem Stück kann man eine Art Lehrer-Schüler-Verhältnis zwischen Brecht und Fleißer aufzeigen: "Das Thema war mir von Brecht als Aufgabe gestellt" (49). Die These von der Auftragsarbeit wird durch Marieluise Fleißers Erinnerung bestärkt:

> In Ingolstadt gab's nach dem Krieg keine Soldaten, wir hatten die Weimarer Republik. 1926 kamen die Pioniere aus Küstrin zu Flußübungen in unser Gelände; sie bauten eine Brücke über den Künettegraben. Das war eine Invasion. Ich erzählte Brecht davon auf einem Spaziergang am Augsburger Stadtgraben. Ich sehe heute noch die Schwäne daneben herschwimmen. Brecht wollte sofort, daß ich eine solche militärische Invasion in einer kleinen Stadt mit ihren Auswirkungen auf die Bevölkerung beobachte und aus eigener Anschauung ein Stück darüber mache. (GWI, S. 441 f.)

Marieluise Fleißers Bericht über den Einzug der Pioniere in ihre Vaterstadt fällt in eine Zeit, in der Brecht intensiv an seinem Stück "Mann ist Mann" arbeitet: ein Stück über die mögliche Demontage eines Menschen zum Soldaten, zur Tötungsmaschine. Die Problematik des austauschbaren Menschen beschäftigt ihn auch in seinem Stück-Fragment "Der Untergang des Egoisten Fatzer", an dem er zur selben Zeit arbeitet und in das er eine "Rede vom Massenmenschen" einfügt:

> Dieser Geist des Massenmenschen / lähmt mich besonders / seine Art ist mechanisch / einzig durch Bewegung zeigt er sich / jedes Glied auswechselbar selbst die Person / mittelpunktlos (50).

Die Anregungen, die Brecht der Fleißer gibt, sind nicht nur zurückzuführen auf sein Interesse am angebotenen Stoff, sondern bieten ein Beispiel seiner Arbeitsmethode, die ständige Aufmerksamkeit und genaue Beobachtung der Umgebung verlangt; gelegentliche Milieustudien bereichern die Stoffsammlung (51).

Menschenbeobachtung und Gespräche mit ihnen in ihrer für sie typischen sozialen Umgebung haben für Brecht einen Materialwert - eine Eigenschaft, die er einer Arbeitsmethode der Zukunft zuschreibt. Sie wird auch zum Gradmesser für jede Literatur, für jede Form des Theaters:

> Das Theater wird in absehbarer Zeit das verstaubte Repertoire eines Jahrhunderts einfach auf seinen Materialwert hin untersuchen, indem es die guten alten Klassiker wie alte Autos behandelt, die nach dem reinen Alteisen-Wert eingeschätzt werden. Würde das gleiche radikale Verfahren auf unsere zeitgenössische Epik angewendet, so würde sich nach fünf Minuten herausstellen, daß, ausgenommen einiges von Wedekind und Kafka, in dieser Literatur beinahe gar nichts an wirklichem epischen Material steckt (52).

Brecht beschränkt sich nicht nur auf das Material, das er aus eigener Beobachtung gewinnt, sondern auf alle nur zur Verfügung stehenden Stoffquellen (53).

In dem oben erwähnten Brecht-Zitat taucht die Metapher vom zu demontierenden Auto auf, oder - wie in anderen Fällen - ist von der Montage eines Automobils die Rede. Die Tätigkeit des Konstrukteurs, der aus Einzelteilen zusammensetzt (54), wird für Brechts Arbeitsmethode mehr und mehr beispielhaft. Dieses analysierende Vorgehen verlangt er auch vom Theaterzuschauer, der sich "die Mechanik eines Geschehens betrachten (solle) wie die Mechanik eines Autos" (55).

Als ein solcher 'Autokonstrukteur' erweist er sich, als er Marieluise Fleißer die Fabel zum "Pionier"-Stück entwickelt:

> (...) das Stück muß keine richtige Handlung haben, es muß zusammengebastelt sein, wie gewisse Autos, die man in Paris herumfahren sieht, Autos im Eigenbau aus Teilen, die sich der Bastler zufällig zusammenholen konnte, aber es fahrt halt, es fahrt! (Genau diese Forderung) Es muß ein Vater und ein Sohn hinein, es muß ein Dienstmädchen hinein, es muß ein Auto hinein, das von einem Durchreisenden dem Sohn angedreht wird, weil es nicht mehr fährt. Die Soldaten müssen mit den Mädchen spazierengehn, ein Feldwebel muß sie schikanieren. Der Sohn sprengt am Ende die Brücke in die Luft, weil ihn der Pionier bei dem Dienstmädchen ausgestochen hat. (GWI, S. 442)

So explizit gibt Brecht ihr die Fabel vor und sein Interesse wird deutlich: Dramatische Verwicklungen ergeben sich nicht aus dem individuellen Charakter einzelner Figuren, sie entwickeln sich vielmehr aus deren typischem Verhalten innerhalb ihrer gesellschaftlichen Situation.

Auch Marieluise Fleißer geht nicht von einer individuellen Thematik aus, sie schildert ihm ebenfalls direkt Situationen. Sie macht allgemeine Beobachtungen, erzählt ihm von Pionieren und Mädchen, ohne bestimmte zu meinen. In einem Aufsatz von Michael Töteberg liest man den Satz: "Das Primäre (bei Brecht - B.S.) ist die Situation" (56). Dieser Satz könnte sich daher nicht nur auf Brecht beziehen lassen, sondern hätte auch für Marieluise Fleißer Gültigkeit. Hier erweist sie sich schon als 'gelehrige Schülerin' Brechts.

Marieluise Fleißer beginnt mit der Arbeit am Stück 1926 in Ingolstadt.

5. DIE FABEL DES STÜCKES (Fassung von 1929)

Das Stück setzt sich aus 12 Bildern zusammen. Im 1. Bild werden die beiden Dienstmädchen Alma und Berta eingeführt, die den Einzug der Pioniere hoffnungsfroh beobachten. Eingeführt werden in diesem Bild auch Benke und dessen Sohn Fabian, den Benke versucht,'an die Frau zu bringen', er denkt dabei an das Dienstmädchen Berta, das den Haushalt der Benkes führt.

Im 2. Bild finden die beiden Mädchen 'ihren' Pionier. Berta verliebt sich in den Pionier Karl. Die unterschiedlichen Liebeserwartungen des Pioniers und des Dienstmädchens prallen aufeinander.

Im 3. Bild besucht Berta gemeinsam mit Fabian das Bierzelt, in dem die Ingolstädter Bevölkerung und die Pioniere ihren Durst stillen und ihr Bedürfnis nach 'Kontaktaufnahme' zu befriedigen hoffen. Die Fronten verschärfen sich: Fabian ist für Berta unbedeutend neben ihrem Pionier. Jener bedient sich eines Vorgesetzten Karls, um ihn zu demütigen und damit Berta zu imponieren. Doch die geht mit Karl.

Das 4. Bild spielt im Haus von Benke. Er treibt seinen Sohn in Anwesenheit Bertas an, sie endlich herumzukriegen. Berta leistet Widerstand, worauf Benke sie schikaniert. Er verspricht seinem Sohn ein Auto, wenn er es doch schafft.

Im 5. Bild, das immer noch bei Benke spielt, wird Berta von einem anderen Pionier über Karls 'lockeren' erotischen Lebenswandel aufgeklärt. Bertas Liebe tut das keinen Schaden. Fabian kann diese Demütigung nicht ertragen. Er veranlaßt Berta, Karl einen Abschiedsbrief zu schreiben, den sie jedoch wieder zerreißt. Karl erscheint, und nun muß sie von neuem erfahren, wie wenig er auf ihre Bedürfnisse eingeht. Fabian nutzt diese Situation aus, Berta ein Rendezvous abzupressen.

Das 6. Bild: Parade der Soldaten am Sonntag in Anwesenheit der Bürger. Alma wird von den anderen Mädchen angegriffen: Sie bezeichnen Alma indirekt als Prostituierte. Alma setzt sich zur Wehr und verschwindet kurz darauf mit einem neuen Pionier.

Im 7. Bild belauert Fabian die Pioniere. Er hat eine Leiter angesägt, damit sein Konkurrent Karl ins Wasser stürzt. Es fällt aber der Feldwebel hinein, und die Pioniere müssen strafexerzieren. Sie ahnen, daß Fabian dahinter steckt.

Im 8. Bild brüstet Fabian sich mit dem Sabotageakt vor Berta. Er nutzt Bertas Unerfahrenheit auf sexuellem Gebiet, versucht sie einzuschüchtern, nun sei sie ja eigentlich keine reine Jungfrau mehr.

Im 9. Bild versucht Fabian, den Feldwebel zu erpressen. Der soll ihm Sprengstoff liefern, damit Fabian die Brücke in die Luft jagen kann. Der Feldwebel läßt sich nicht einschüchtern.

Das 10. Bild: Die Pioniere stecken Fabian in einen Sack. Alma und der alte Benke treten auf. Sie gesteht ihm ihre Enttäuschung und schwört, nie wieder etwas mit einem Mann zu tun haben zu wollen. Sie entdecken den Sack, Fabian schämt sich vor seinem Vater, versucht, ihn abzulenken. Der Vater geht, und Fabian kommt aus dem Sack gekrochen. Alma vergißt sofort ihren Schwur und nimmt sich Fabians an.

Das 11. Bild zeigt die Pioniere beim Brückenbau. Berta kommt, und Karl stellt sie vor die Entscheidung: Entweder gibt sie sich ihm jetzt auf der Stelle hin oder er hat kein Interesse mehr an ihr. Der Abmarsch steht bevor. Berta gibt nach.

Im 12. Bild ist die Brücke fertiggestellt. Die Pioniere lassen sich zum Abschied fotografieren - Karl zusammen mit Berta, damit sie ein Andenken hat. Auch Fabian läßt sich mit seiner neuen Braut Alma fotografieren.

Zum Schluß hält der Feldwebel eine Rede, in der er auf den Überschuß 'illegal' gezeugter Kinder in jeder Stadt hinweist, in der Pioniere stationiert sind. Die Soldaten marschieren ab, die Mädchen winken ihnen nach.

6. DIE FIGUREN DES STÜCKES

6.1. Die Dienstmädchen

Marieluise Fleißer beschreibt in ihrem Stück sowohl die gesellschaftliche Situation von Dienstmädchen als auch die sich daraus entwickelnden Wünsche dieser Frauen, die schon zu Beginn des 1. Bildes durch ein Wunschdenken Bertas ausgedrückt werden: "Warum singen die nachher nicht: Seins den Mädchen gut, ;a gut." (GWI, S. 189)

So unterschiedlich die beiden Dienstmädchen Alma und Berta auch in ihrem Temperament dargestellt sein mögen - dieser Vers gilt, in doppelter Auslegung, doch für beide, denn beide versprechen sich von dem Einmarsch der Pioniere viel: Berta will "halt einen Herrn kennen" (GWI, S. 190), ein Wunsch, der von Alma sofort spezifiziert wird: "Sag' nicht lang einen Herrn, sag gleich einer Pionier, das ist doch nicht schwer." (GWI, S. 190)

Alma ersehnt sich indes noch mehr: sie verspricht sich eine Verbesserung ihrer gesellschaftlichen Situation, denn zu Beginn des Stückes ist Alma bereits stellungslos. Angst, in wirtschaftliche Schwierigkeiten zu geraten, hat sie jedoch nicht. Sie sieht ihre Chance, sich vom Verkauf ihrer Arbeitskraft zu lösen, in ihrer Weiblichkeit - eine Zutat mehr zum Verkauf. So entgegnet sie Berta optimistisch: "Da ist mir nicht bang. Der Pionier ist im Land." (GWI, S. 189) Im Verlauf des Stückes versucht sie auch, ihre vermeintliche Chance zu nützen und geht dabei - ähnlich wie der Pionier Karl - von der Prämisse aus: "Eine Liebe muß keine dabei sein." (GWI, S. 220) In ihrem Verhältnis zu den Pionieren geht Alma ein Stück weiter als die anderen Mädchen der Stadt. Sie setzt sich quasi außer Konkurrenz, indem sie ihren Körper öffentlich vermarktet. Alma geht es jedoch nicht nur um das 'Geschäftliche', um die materielle Absicherung, sondern um eine potentielle Aufwertung durch einen Mann. Berta hat es da ihrer Meinung nach leichter: "Du hast doch den Sohn deiner Herrschaft." (GWI, S. 190) Sie denkt dabei sicherlich an die wenigen Fälle, in denen es Dienstmädchen möglich wurde, in die Familie der Dienstherrschaft einzuheiraten (57). In der Regel waren Dienstmädchen jedoch nur willkommene Sexualobjekte, die in der sozialen Hierarchie zuunterst rangierten (58).

Almas Bedürfnisse werden von den Pionieren jedoch nur einseitig befriedigt, denn ihnen geht es ausschließlich um die eigene geschlechtliche Triebbefriedigung. Aus dem anfänglichen Optimismus und dem leichtfertigen Spiel mit den Pionieren wächst nach und nach eine Desillusionierung. So vertraut sie dem alten Benke an:

> Herr Benke, ich habe keine Illusionen mehr. (...) Das ist kein schönes Leben. Die Herren befriedigen nur ihre Sinnlichkeit. Wenn sie befriedigt sind, werfen sie einen weg. Ich mache das einfach nicht mehr mit. Immer dieses Liebesleben. Nie wieder, Herr Benke, schlaf ich mit einem Mann, und wenn sie mich mit ihm zusammenbinden. (GWI, S. 217)

Hinter dieser Klage verbirgt sich der Wunsch nach Rehabilitation, um den moralischen Ansprüchen der Bürger wieder zu genügen und sich in das Kleinstadtleben reintegrieren zu können. Das gelingt ihr auch, allerdings nur durch den Bruch des Enthaltsamkeitsschwures: sie erfüllt Fabians Wunsch nach einer Frau und so kommt es schließlich zum 'Happy-End' (59). Fabian präsentiert sie öffentlich als seine Braut.

Das Dienstmädchen Berta verkörpert dagegen das Klischee der 'naiven Jungfrau'. Sie hat - im Gegensatz zu Alma - keine Liebeserfahrungen. So möchte sie von Alma wissen, "wie man das macht (...), daß man wen kennt" (GWI, S. 190), distanziert sich aber von ihr mit den Worten: "So wie du möcht ich nicht sein" (GWI, S. 190).

Berta glaubt, daß sie sich den Mann aussuchen wird, in den sie sich verliebt. Es mutet daher grotesk an, daß sie sich sofort in den ersten Pionier verliebt, der sie anspricht: in den Pionier Karl.

Karl ist jedoch ein Mann, der ihre Illusionen über die Liebe ganz und gar nicht teilt. Trotz allem gibt Berta ihm gleich zu Anfang zu verstehen, daß sie ernsthaft mit ihm umgeht: "Ich bin nicht wie die anderen" (GWI, S. 194), und betont auf diese Weise ihre Besonderheit. Die Einmaligkeit ihrer Person will sie an ihrem Namen festmachen und läßt Karl wissen, daß es ihr gar nicht recht wäre, wenn er schon vor ihr eine Berta gekannt hätte.

Karl läßt sich darauf in keiner Weise ein. Er betont sogar das Gegenteil von dem, was Berta glaubt, auf ihn projizieren zu können: "Ich bin wie alle anderen" (GWI, S. 194). Karl ist es gewohnt, seiner Triebbefriedigung zu dienen, und so muß Berta schon zu Anfang erfahren, daß Karl nicht 'der Herr' ist, den sie sich gewünscht hat. Doch Berta sperrt sich gegen Karls Offenheit. Sie reagiert wie ein Kind, dem man die Illusion über das Christkind rauben will: "Ich hör nicht hin, was er sagt, weil er das nicht so meint" (GWI, S. 195). An den Figuren Berta und Karl lassen sich Konstellationen aufzeigen, die den gesellschaftlich bedingten und gefestigten Unterschied zwischen den beiden Geschlechtern kennzeichnen: Ein gesellschaftlich geforderter Triebverzicht betrifft in erster Linie die Frau. Sie muß ihr Triebverlangen unterdrücken, will sie in der gesellschaftlichen Wertskala nicht auf unterster Stufe rangieren und dadurch ihren Marktwert als Ehefrau und Mutter mindern. So bleiben ihr die Sehnsucht und die Illusionen, die als Ersatz fungieren und sie immer weiter von ihren ursprünglichen Wünschen entfernen. Dem Mann wird das Ausleben seines Geschlechtstriebes in stärkerem Maße zugebilligt. Um diese Ungleichheit rechtfertigen zu können, wird die jeweils herrschende Moral einer Gesellschaft genutzt, durch die das Verhalten von Mann und Frau aus einer biologischethischen Determination natürlichen Ursprungs abgeleitet wird. So kann man beispielsweise in einem Aufklärungs- und Erziehungsbuch, 1912 von einer Ärztin geschrieben, folgende Erklärung finden:

> Das Wesen des Weibes ist, wo nicht Vererbung, Erziehung, Verführung oder abnorme Zustände in Betracht kommen, weit weniger sexuell veranlagt als der Mann, und Liebe vor allem fällt bei ihm nicht mit Geschlechtstrieb zusammen (60).

Berta verliebt sich immer heftiger in Karl. Sie unterwirft sich seinen Launen, was selbst ihm schon unheimlich anmutet. Karl warnt sie davor, sich in ihn zu verlieben, mit der Drohung: (...) "sonst mußt du leiden" (GWI, S. 198). Doch Berta antwortet ihm: "Ich will leiden" (GWI, S. 198).

Ein archaisch anmutender Satz, der jedoch immer wieder in einem bestimmten historischen Zusammenhang Gültigkeit hat: Es ist die Rolle der Frau als Leidende, geduldig ihre gesellschaftliche Determination Ertragende, ohne sich dagegen zu wehren. Es handelt sich hier um eine Rollenzuschreibung, die vor allem aus einem christlichen Dogma gewachsen ist. In diesem Zusammenhang möchte ich noch eine Textstelle aus dem schon oben erwähnten Erziehungsbuch zitieren, die diese These kommentieren könnte:

> Weib und Schmerz sind zwei Begriffe, die sich nicht trennen lassen und nie getrennt waren; (der biblische Ursprung: Das Weib soll unter Schmerzen gebären. - B.S.) Schmerz scheint das Gesetz des Lebens für das Weib. (...) Im Leid nur vermag sich ihr Höchstes und Tiefstes zu entfalten - im Leid nur, im Opfer liegt ihre Verklärung und ihre Größe, im bemeisterten Schmerz (61).

Der Wunsch zu leiden, der Wunsch nach Unterdrückung? An dieser Stelle könnte ein Schlüssel zur These liegen, das Stück antizipiere den folgenden Faschismus (62).

Bei Berta stößt die Leidensbereitschaft - in dieser Offenheit ausgesprochen - hart an die Grenze zum Masochismus. Bertas Selbstwertgefühl ist völlig ausgeschaltet im Zusammensein mit Karl, sie schickt sich in die Demütigung. Die Zeichnung der Figur Berta wird dadurch sehr extrem: ihre Leidenswilligkeit, die beinahe schon Lust zur Unterwerfung zu sein scheint, kann nicht nur dadurch erklärt werden, daß sie Karl durch Gefügigkeit an sich binden will. Das Bekenntnis "ich will leiden" entspringt einer spontanen Reaktion, denn ihr Verhalten bis zum Abmarsch der Pioniere beweist, daß sie nicht nur eine verbale Bereitwilligkeit, sondern auch eine körperliche demonstriert.

Die Darstellung der Figur Berta läßt in der starken Betonung der Leidensbereitschaft Parallelen zur Biographie Marieluise Fleißers erkennen (63). Aus männlicher Sicht in jener Zeit böte folgendes Zitat eine Erklärung für Bertas Verhalten:

> Das Weib sucht seine Vollendung als Objekt. (...) Die Frau will nicht als Subjekt behandelt werden, sie will stets und in alle Wege - das ist eben ihr Frau-Sein - lediglich passiv bleiben, einen Willen auf sich gebrochen fühlen, sie will nicht gescheut noch geschont, sie will nicht geachtet sein. Ihr Bedürfnis ist vielmehr, nur als Körper begehrt und nur als fremdes Eigentum besessen zu werden (64).

In seinem historischen Kontext suggeriert dieses Zitat ein scheinbares Charakteristikum von Frauen, denen - genau wie Berta - niemals die Chance zur Entfaltung ihrer Persönlichkeit geboten wurde. Erstarrte gesellschaftliche Verhältnisse blockieren den Menschwerdungsprozeß.

Berta wird von ihrem Dienstherrn wie eine Leibeigene behandelt. Bei Benke widersetzt sie sich dieser Behandlung, in ihrem Liebesleben scheint sie sich der Unterwerfung und Ausbeutung völlig zu fügen. Wunsch und Wirklichkeit klaffen in ihrem Leben weit auseinander. In diesem komplizierten Gefüge behindern ihre Illusionen einen Bewußtwerdungsprozeß, durch den sie erkennen müßte, daß die Bedingungen zur Erfüllung ihrer Wünsche nicht gegeben sind. Ihren Wunsch formuliert sie so: "Dir tut es auch gut, wenn der Mensch bei einem Menschen ist" (GWI, S. 199). Sie wünscht sich dadurch quasi in einen gesellschaftlichen Freiraum: der Mensch, gelöst von seiner gesellschaftlichen Determination, für und mit dem Menschen. Berta formuliert eine gefühlte Utopie, ohne den Weg dahin benennen zu können, denn subjektiv glaubt sie schon an ihr Mensch-Sein und auch an das Karls.

Doch Karl rührt sie damit nicht. Die erhoffte Reaktion bleibt aus. Er stellt sich mit Brutalität dagegen, wehrt sich gegen die Verschleierung seiner Absichten durch Bertas 'romantische Schnörkel', denn auf diese Weise hemmt sie sein Triebverlangen, das er bei ihr zu befriedigen sucht und so sagt er schließlich, indem er von ihr läßt: "Siehst, auf einmal kann ich nicht mehr mögen, so bin ich". (GWI, S. 199) Berta kommentiert Karls Verhalten so: "Du kannst es, aber dann ist dir was auskommen. (...) Es ist etwas mit dem Herzen und du weißt es nicht." (GWI, S. 199)

Berta kommt einmal im Verlauf der Handlung, in der ihre Liebessehnsucht mehr und mehr desillusioniert wird, zu einem Bewußtsein; so sagt sie, als sie erfährt, daß sie für Karl nur eine unter vielen ist: "Da ist man nicht geachtet." (GWI, S. 204) Diese Erkenntnis umfaßt ihre gesamte gesellschaftliche Existenz. Berta muß erfahren, daß jene Erkenntnis sich nicht nur auf ihre Arbeitssituation, sondern auch auf das scheinbar Persönlichste bezieht: auf die Liebe zwischen Mann und Frau.

Bertas Wunsch ist es, als Mensch geliebt zu werden, ihre reale Existenz als Sexualobjekt wird ihr dabei nur bedingt bewußt. Der Lernprozeß, dem Berta unterworfen ist, kulminiert in der ersten sexuellen Erfahrung mit dem männlichen Geschlecht: die Defloration wird rasch hinter einem Gebüsch erledigt. So muß sie auch durch ihren Körper erfahren, daß Wunsch und Realität weit voneinander entfernt sind. "Das Auseinanderklaffen von Bertas Vorstellungen und der Wirklichkeit hat dazu geführt, daß sie nicht einmal das mögliche Schöne aus der Situation zu holen vermochte" (65). Am Ende konstatiert sie enttäuscht (auf sehr rührende Weise!): "Ich meine halt, wir haben was Wichtiges ausgelassen. Die Liebe haben wir ausgelassen." (GWI, S. 220) Daß dieser Lernprozeß nicht notwendigerweise zu einer Erkenntnis führen muß, die sich ins Bewußtsein einschreibt, dafür ist Berta ein Beweis. Sie ahnt, daß ihre Vorstellungen über die Liebe Lügen sind - gemessen an der Realität - doch glaubt sie, daß es besser für sie sei, diese Lügen zu verdrängen. Sie fordert von Karl: "Ja, lüge mich an, dann ist mir leichter." (GWI, S. 220)

Karl nimmt Abschied und mit ihm 'die Liebe'. Berta bleiben die Erinnerungen und die Flucht in neue Illusionen.

6.2. Ein exemplarischer Pionier: Karl. Einzug einer Großstadtmoral in die Provinz

Die Pioniere kommen in die Stadt und wissen, daß ihnen harte Arbeit bevorsteht, die sie unentgeltlich verrichten müssen. Alma und Berta kommentieren das so:

> Alma: (...) Die Stadt liefert das Holz, und bauen tun sie die Pioniere.
> Dafür muß die Stadt nicht zahlen.
> Berta: Da geht den Großen wieder was hinaus. (GWI, S. 190)

Die Pioniere wollen sich wenigstens das nehmen, was ihnen die Stadt - quasi als Bezahlung in Naturalien - anbietet: die Mädel.

Der Pionier Karl findet auch sofort eines: das Dienstmädchen Berta. Gleich zu Anfang geht er recht barsch mit ihr um, hält sich nicht lange mit Werbemethoden auf. Sein Ziel hat er klar vor Augen: Bertas Körper als lustvollen Ausgleich zum harten Pionier-Alltag.

Marieluise Fleißer sagt, daß die Figur Karl "Züge des jungen Brecht" (GWI, S.442) trägt. Aus Sätzen Karls liest man Brechts Vorstellungen über den Menschen in einer Massengesellschaft, die ihn austauschbar und beliebig formbar werden läßt. So sagt Karl - und weckt dabei Reminiszenzen an die Figur Galy Gay in "Mann ist Mann": "Ich bin wie alle anderen." (GWI, S. 194) Als Pionier zieht er von Stadt zu Stadt, ist nirgends seßhaft, fügt sich ein in die ständige Bewegung. Wo er gerade stationiert ist, da sucht er sich ein Mädchen zur Befriedigung seines Sexualtriebes, denn: "Eine Liebe muß keine dabei sein." (GWI, S. 220) Er wehrt sich gegen Gefühlsbindungen, ohne daß diese Weigerung aus einer persönlichen Geschichte resultiert, als vielmehr aus seinem Soldatenleben, aus seiner funktionalisierten Existenz. Über seine Vergangenheit redet er nicht mit Berta, die den Versuch unternimmt, ihn kennenzulernen. "Muß man denn immer alles wissen vom andern" (GWI, S. 194), gibt er ihr lakonisch zur Antwort. Wie Berta später von einem anderen Pionier erfährt, ist Karls Geschichte charakteristisch für die Soldaten: "Gestern war er mit Ihnen zusammen und heut ist er einmal zur Marie gegangen, dran kommen muß eine jede. (...) Karl Lettner. (...) Der hat die Kinder nur so herumsitzen in den Städten." (GWI, S. 204)

Und weil es so leicht ist, die Mädchen zu wechseln, so hat man auch keine Bedenken, sie an die Kameraden abzugeben: "Schaust halt, daß du ihr gefallen tust, hat er gesagt" (GWI, S. 204), gesteht der fremde Pionier Berta ohne Umschweife.

Karl ist es gewohnt, die Mädchen sofort 'herumzukriegen'. So reagiert er ungeduldig auf Bertas Weigerung: "Wenn ein Mädel nicht zieht, tu ich nicht lang um." (GWI, S. 195) Auch der Frauenkörper muß austauschbar sein, wie der Soldat. Karl verschweigt Berta nicht seine Absichten, reagiert keineswegs sensibel auf deren Naivität und Unerfahrenheit. Er konfrontiert Berta mit einer Moral, die das Ausleben der Sexualität - zumindest für den Mann - ohne Schwierigkeiten möglich macht. In Interpretationen des Stückes findet man den Hinweis auf den Einbruch einer 'neuen' Moral, geprägt vom anonymen Leben in Großstädten, in die noch stark traditionell gebundene Moral der Kleinstadt, der Provinz. Marieluise Fleißer legt in der Fassung von 1929 einen besonderen Akzent auf diese Problematik, den Konflikt zweier moralischer Wertsysteme. In der späteren Bearbeitung geht sie darauf weniger ein - ein Beweis für die Brisanz des Themas in den zwanziger Jahren, einer Zeit, in der das Gefälle Großstadt-Provinz noch stärker war.

Ein beispielhafter Aspekt dieses Problems ist die Tatsache, daß Karl Bertas Jungfräulichkeit keinen besonderen Wert zumißt. Als Berta ihm stolz verkündet, sie habe sich ihre Jungfräulichkeit bewahrt, antwortet Karl herablassend: "Das hätte es nicht gebraucht." (GWI, S. 219) Er pfeift auf moralische Ansprüche dieser Art. Diese Gleichgültigkeit mag verschiedene Gründe haben. Möglicherweise hat er Angst davor, Berta zu deflorieren, da er glaubt, sie würde so an ihrem Ersten 'hängenbleiben'. Eine andere Erklärung leitet sich aus der historischen Situation ab: Die Moral der Nachkriegszeit hatte sich gelockert. Der Krieg hatte vielen Frauen die Männer genommen. Wünsche nach Ehe und Familiengründung wurden dadurch zerstört. Auf diese Situation bezieht sich auch Karls 'männliche Arroganz': "Heut muß ein Mädel sich was gefallen lassen, weil es weniger Männer gibt. Wir geben an, wie was gemacht werden muß, Gottseidank!" (GWI, S. 206) (66)

Die sexuelle Enthaltsamkeit wurde durch Promiskuität gelockert. Kaum ein Mann konnte unter dem Zwang der Verhältnisse noch auf der Unberührtheit der Frau bestehen - und wollte es wohl auch nicht mehr, denn die Menschen mußten erleben, wie überflüssig die traditionelle Moral in einer Zeit der Auflösung aller moralischen Werte wurde: im Krieg.

In einem Aufsatz über die Jugend der zwanziger Jahre kann man lesen:

> Hinzu kam, daß in weiten Kreisen der jungen Männer eine gewisse Phobie vor der Defloration bestand. (...) Diese Männer waren besonders gern bereit, auf die ganzen Schwierigkeiten der Defloration zu verzichten. So legte schon damals in weiten Kreisen der Mann kein Gewicht auf die körperliche Unberührtheit der Frau (67).

Karls 'amoralische' Einstellung wird - auf der provinziellen Ebene - durch Fabian kontrastiert, der Berta den vermeintlichen Verlust der Jungfernschaft suggeriert, ihre Unwissenheit ausnutzend. Er schüchtert sie mit den Worten ein: "Wenn sich ein Mädel einmal so weit einläßt, dann ist das Mädel hin." (GWI, S. 212) Damit gibt er einen Ausblick auf Bertas Zukunft. Daß nicht nur von den Pionieren die traditionelle, kirchlich geprägte Moral zersetzt wird, sondern auch von den Jugendlichen in der Stadt, die sich auf Grund ihres Bildungsniveaus von den überkommenen Werten trennen, beweist ein Gespräch zwischen einigen Gymnasiasten: "Eine Jungfrau? Sehr viel Arbeit, wir wollen uns da nichts vormachen. Da kann man dich nicht genug warnen." (GWI, S. 208) (68)

Im Stück ist die Propagierung amoralischen Gedankenguts jedoch einseitig: Die Frauen profitieren nicht von der 'Fortschrittlichkeit' männlichen Bewußtseins. Die 'neue' Moral trägt wiederum einen Januskopf, als Sexualobjekt kann man der Frau die Moral erlassen, doch als Partnerin bzw. Ehefrau verliert sie dann ihren Wert. So singen die Pioniere, während Berta von Karl defloriert wird: "Was nützet mir ein schönes Mädchen, wenn andre drin spazieren gehn." (GWI, S. 220)

In der Fassung von 1929 weist Marieluise Fleißer noch nicht explizit auf Unterdrückungsmechanismen innerhalb einer militärischen Hierarchie hin. Karl gelingt es immer noch, ein bestimmtes Selbstwertgefühl aus einem Pionier-Dasein zu ziehen - Berta bestätigt ihn darin: "Ein Pionier ist viel schöner als ein Feldwebel." (GWI, S. 196) Karl nutzt diese äußerliche Anerkennung, um sogleich auch seine bessere Qualifikation, gemessen an seinem Vorgesetzten, zu betonen:

> Unsere Vorgesetzten sagen, ein Pionier, wenn er nicht zehn Jahre lang einer gewesen ist, ist überhaupt noch kein Pionier. (...) Ein Pionier muß viel mehr können wie seine Vorgesetzten, aber er darf es nicht merken. (GWI, S. 196 f.)

Eine Überlegenheitshaltung als Resultat der Kompensation einer permanenten Unterdrückung. Für das brutale Verhalten Karls gegenüber Berta gibt es im Text selber keine gesellschaftlich bedingte Erklärung. Karls Abwehr von Gefühlen wird noch einer individuellen, fast schon neurotischen Schwäche zugeschrieben:

> Tu dich nicht in mich verlieben, sonst mußt du leiden. (...) Du kennst mich nicht. Da kann ich bös sein, das ist eine moralische Depression. Berta, auf mir liegt ein Fluch, daß ich die Frau quäle, die in mich verliebt ist. Verstehst? Die Frau wird von mir gequält. (GWI, S. 198)

Was Karl als "moralische Depression" bezeichnet - also die Folge des gesellschaftlich festgelegten Schemas: Triebverlangen - Triebhemmung - Triebverzicht - wird, ohne ein Bewußtsein darüber zu haben, mystisch verklärt, wird zum schicksalsbedingten Fluch. Für Berta nur eine unzureichende Definition: als sie ihn weiter nach dem ominösen "Fluch" befragt, antwortet Karl ungeduldig: "Ein Fluch sag' ich. Da kenn ich keinen Bahnhof." (GWI, S. 199) Berta gibt sich damit nicht zufrieden, sondern antwortet ihm: "Du tust's halt gern." (GWI, S. 199) Das gesteht Karl auch ein - hat ihn die gesellschaftliche Deformationsmaschinerie zu einem Sadisten gemacht? Eine Bestätigung dessen wären Karls verbale Drohgebärden:

> Einen Fetzen muß man aus dir machen. (...) So kann ich dich ganz gut brauchen. An uns muß man glauben, und dann muß man sich von uns verraten lassen. Dann kann man weinen, wenn man mag. Dann muß man erst recht an uns glauben, so lang, bis du kaputt bist. (GWI, S. 206)

Karl erteilt Berta die Lektion, daß sie den männlichen Erwartungshaltungen gerecht werden muß. Er will sie nicht in ihrer Naivität. Und der Mann erwartet von der

Frau, daß sie sich ihm nicht zu direkt anbietet, auch darauf besteht Karl: "(...) Wenn man von einem Mann was will, darf man nicht zeigen, was er mit einem machen kann." (GWI, S. 205) Aus diesem Satz geht deutlich hervor, wie widersprüchlich es um Karls scheinbare Libertinage steht. Noch immer sind da Rudimente traditioneller Normen, die sein Bewußtsein bestimmen. Er lebt nicht amoralisch, also bewußt gegen eine Moral verstoßend, er nutzt nur jeden gebotenen Freiraum aus. Bertas Hinauszögern des Geschlechtsverkehrs ist ihm nicht recht. Und als Berta ihn auch noch darauf hinweist, daß sie sich ja schließlich auch 'beherrschen' muß, entlarvt sich seine Rückständigkeit: "Das hat so ein Mädel im Griff." (GWI, S. 219) Doch hier widerspricht ihm Berta energisch und bekennt sich offen zu ihrem erotischen Verlangen: "Das hat ein Mädel nicht im Griff. Du bist ein ganz schlechter Mensch." (GWI, S. 219)

Karls Auffassung über die weibliche Enthaltsamkeit war zu jener Zeit noch weit verbreitet, z.B. in populärwissenschaftlichen Büchern (69).

Auch Karl wird der Genuß einer sexuellen Befriedigung erschwert. Es sind die 'Folgen', die ihm den Genuß verleiden. So bedeutet ihm die Aussicht auf ein neues Verhältnis oft nicht mehr als eine Fron gesellschaftlicher Verpflichtungen, vor deren Konsequenzen er momentan noch durch seinen militärischen Status geschützt ist:

> Karl: Ich habe wieder mal ein Kind bekommen.
> Pionier: Sei nur gerad froh, daß du beim Militär bist. Und die andere, die Berta, gibst du darüber auf?
> Karl: Mir ist nicht danach. Ich kann überhaupt keine mehr sehn. (GWI, S. 203)

Doch als Berta dann erscheint, kann er der Verlockung eines Frauenkörpers nicht widerstehen. Eine rasche Befriedigung reicht ihm, das Gefühl für den anderen Menschen bleibt da freilich aus. Bertas Frage: "War das alles?" gibt er erstaunt zurück: "Warum? Hat dir was gefehlt?" (GWI, S. 220)

Der Mangel an Gefühl meint er bei seinem Abschied noch ausgleichen zu können. Er läßt sich mit Berta fotografieren: "Herr Photograph, das größte Format, das sie haben." (GWI, S. 221) Was Berta von 'ihrem Karl' bleibt, ist das Bild. Das heile Bild. Großformatig, die Realität aussparend.

6.3. Ein männlicher Konkurrenzkampf: Zivilisten contra Pioniere

Der alte Benke reagiert auf die Vormachtstellung der Pioniere auf erotischem Gebiet weit weniger empfindlich als sein Sohn Fabian, der in einem direkten Konkurrenzkampf mit den Pionieren steht.

Über die gesellschaftliche Position Benkes wird in der Fassung von 1929 nichts Genaues ausgesagt, wahrscheinlich gehört er zu den Honoratioren Ingolstadts - immerhin kann er seinem Sohn ein Automobil kaufen, das zu jener Zeit noch etwas Besonderes war. Das Auto hat einen Tauschwert: Fabian soll es dafür bekommen, daß er seine ersten sexuellen Erfahrungen vorweisen kann. Ein im Ansatz kapitalistisches Denken: Ein scheinbar materielles Äquivalent verleiht einem ideellen Wert einen Warencharakter. An der väterlichen Forderung lassen sich bestimmte Übergangsformen vom traditionellen Kleinstadtleben zum - unter kapitalistischen Bedingungen - technisch entwickelten Großstadtleben aufzeigen. So trägt die Vater-Sohn-Beziehung noch archaische Züge: Der Sohn hat die Macht des Vaters als fruchtbares Familienglied (!) zu verkörpern. Die 'Impotenz' des Sohnes haftet - öffentlich - wie ein Makel auch am Vater.

Der Einführungsdialog der beiden beweist, wie unsensibel der alte Benke auf Empfindungen seines Sohnes reagiert. Fabian ringt sich das Geständnis ab: "Ich bring keine her." (GWI, S. 190) Benke konfrontiert ihn daraufhin mit traditionellen Wertvorstellungen: "Uns ist auch einmal Angst gemacht worden. Hast du keinen Schneid?" (GWI, S. 191) Das Empfinden Fabians: "Das muß an die Richtige hinkommen" (GWI, S. 191), beantwortet er mit der Forderung, vom patriarchalischen Privileg des 'Herrn' Gebrauch zu machen: "Die Berta ist frei. (...) Das Dienstmädchen hat man im Haus, das ist doch das bequemste, das ist doch nicht wie bei'ner Fremden. (...) Gehst einmal hin zu ihr auf den Gang. ..." (GWI, S. 191)

Die Problematik der sexuellen Ausbeutung von Dienstmädchen hat heute nur noch eine historische Relevanz, denn heute gibt es einen Dienstbotenstand, wie er in dem Stück noch vorgeführt wird, in dieser Form nicht mehr.

Dienstmädchen waren damals beliebte Objekte einer sexuellen Freibeuterei. Durch ihre materielle Abhängigkeit gebunden, waren sie meist wehrlos gegen die Übergriffe ihrer männlichen Dienstherren. In der zeitgenössischen Literatur findet man viele Beispiele der extremen Ausbeutungssituation weiblicher Dienstboten. So liest man z.B. in Eduard Fuchs' Werk "Die Frau in der Karikatur" in einem besonderen Kapitel über Hausangestellte folgende Beschreibung:

> Was es heißt: vom frühen Morgen bis zur späten Nacht ans Haus gefesselt zu sein, keinen eigenen Willen haben zu dürfen, dagegen jedes Winkes gewärtig sein zu müssen, jede Sekunde des Tages "auf dem Sprungbrett zu stehen" und dabei jeder Willkür fast rechtlos ausgeliefert zu sein... (70).

In einer anderen Quelle findet man die Einschätzung:

> (...) Die Auffassung, daß das Dienstmädchen ein willenloses, zu allen Diensten bereitstehendes Wesen sein müsse, das sich jeder Laune seiner Herrin oder seines Herrn zu fügen habe, ist den meisten Menschen durch Erziehung und Gewohnheit so in Fleisch und Blut übergegangen, daß auch sonst sehr frei denkende Frauen und Männer sich von ihr nicht befreien können. Über andere Menschen eine Art Herrscher zu sein, bereitet vielen armseligen Menschenkindern ein wonnigliches Gefühl, abgesehen von den persönlichen Vorteilen, die sie damit erzielen (71).

Und in einer "Dienstbotenordnung" um die Jahrhundertwende heißt es:

> § 17: Der Dienstherr hat die Dienstbothen zu einem sittlichen und anständigen Betragen in wie außer dem Hause zu verhalten, und er ist zu diesem Ende (...) befugt, wenn ernstliche Ermahnungen (...) nichts fruchten, von den strengen Mitteln der häuslichen Zucht auf eine mäßige, die Gesundheit der Dienstbothen nicht schädliche Weise Gebrauch zu machen (72).

Klucsarits und Kürbisch kommentieren:

> Nach dieser "Dienstbothenordnung" stand jegliches Recht beim Dienstherrn: er konnte den Dienstboten "ausleihen", die Arbeitszeit beliebig festsetzen, bei Verstößen gegen die "Hauszucht" die Kost entziehen oder prügeln, und nur er bewilligte die Eheschließung. Die Folgen dieses "Zölibatzwanges" waren: uneheliche Kinder, für die kein "Vater" sorgte und die eines Tages

das Los der Mutter und damit die Zwänge der "Dienstbothenordnung" teilten (73).

Benke degradiert Berta nicht nur zum sexuellen Freiwild, sondern behandelt sie wie seinen 'Haussklaven'. An ihr kann er seine Launenhaftigkeit auslassen, ohne Rücksicht auf Bertas Gefühle zu nehmen. Seine Kuppelei-Absichten breitet er ungeniert in ihrer Anwesenheit aus - für Berta ein Akt der Demütigung: "Soll sie halt einmal nachgeben, dann weht gleich ein andrer Wind. Eine andere täte sich die Finger ablecken bis zum Ellbogen. Ist doch alles natürlich." (GWI, S. 201) Als er jedoch ihren Widerstand spürt, wütet er mit Despotismus, mit verbaler Gewalttätigkeit gegen sie: "Bei mir daheim gebe ich den Ton an und nicht Sie. Das geht auch anders herum. Sie bringe ich ncoh auf die Knie, Sie Person. Ich werd Sie schon sekieren. Sie sollen spüren, daß man Sie in der Gewalt hat." (GWI, S. 201)

Benke droht jedoch nicht nur Berta mit seiner Autorität, sondern richtet sie auch gegen Fabian. Sein Sohn hat ihm zu folgen, auf Schwächen nimmt er keine Rücksicht. Da Fabian bereits an seinem Gefühlsleben scheitert, ist er in den Augen des Alten ein Versager. Fabians Schüchternheit ist Benke ein Dorn im Auge, er glaubt in ihm nicht den 'würdigen' Vertreter des väterlichen Erbes zu finden. Daß sein eigenes Unvermögen, sein Despotismus, Gründe für Fabians Schwierigkeiten sein könnten, kommt ihm gar nicht zu Bewußtsein. So setzt er Fabian unbarmherzig einem Rollen- und Erfolgszwang aus: "Weil du dein Maul nicht aufmachen kannst, dich immer nur in der Ecke herumdrückst und überhaupt kein Mannsbild bist. Du hast eben keine Initiative und keinen Willen. Du bist der Schmerz meines Lebens." (GWI, S. 201)

An der Figur des alten Benke zeigt Marieluise Fleißer besonders deutlich den Widerspruch zwischen Tradition und Fortschrittsgeist. Sie verleiht ihm karikierte Züge, indem sie ihm Äußerungen in den Mund legt, die an Karl Valentin erinnern und vermittelt so das Bild eines Menschen, dessen einzige Sicherheit im Gewohnten wie in Gewohnheiten ruht: "Wenn es keine anderen Noten wären, dann könnte man ja sagen, daß sie ein anderer Mann geschrieben hat. Dann wären das dem seine Noten. Aber was Neues--." (GWI, S. 207) Die stationierten Pioniere dürfen den gewohnten Tagesablauf und die festgesetzte Ordnung nicht stören, auch dann nicht, wenn sie zum Vergnügen der Bürger beitragen: "Wenn das nur mit der Zeit so bleibt bei der Parade, um 12 Uhr. Am Sonntag wird bei uns erst um 1/2 ein Uhr gegessen." (GWI, S. 208) Mit der überspitzten Darstellung dieses Bürger-Typus deutet Marieluise Fleißer auf bestimmte Verhaltensweisen hin, die für einen obrigkeitshörigen Menschen bezeichnend sind, der sich bewußtlos in eine gesellschaftliche Hierarchie eingliedert und das auch von allen anderen verlangt.

Benkes Sohn Fabian dagegen ist ambivalent gezeichnet: Gefühlssehnsucht auf der einen Seite wechselt mit einem traditionell geprägten männlichen Rollenverhalten auf der anderen Seite; sein Bemühen um eine Sicherheit im Auftreten innerhalb dieses Rollenspiels ist allerdings vergeblich. In der Fassung von 1929 ist Fabian in stärkerem Maße der - vor allem durch den Vater - gehemmte junge Mann, während er in der Urfassung wesentlich profilierter ist. Dort erscheint er noch eher als der Protagonist einer Generation, die sich vom kleinstädtischen Leben entfernt hat durch die Einflüsse einer Großstadtkultur (74).

Fabian leidet unter der Unfähigkeit, seine Wünsche zu formulieren: "Mir fällt nichts zum Sagen ein." (GWI, S. 191) Im Gegensatz zu seinem Vater, der männliches Verhalten auf folgende Weise definiert: "Für die nächste Zeit hast du deinen Sport. In der Liebe muß der Mann kalt sein, dann wird er recht" (GWI, S. 191), distanziert Fabian sich von diesem extremen Rollenverständnis, doch ist er auf

Grund seiner Hemmungen unfähig, auf Berta sensibel zu reagieren. Seine dauernd erlittenen Demütigungen durch den Vater und sein Minderwertigkeitsgefühl gegenüber den Pionieren lassen es nur in den seltensten Fällen zu, daß er sich mit Berta solidarisiert (75). Er steht unter einem Erfolgszwang, durch den er immer wieder in ein irrationales Verhalten getrieben wird. Fabian kopiert ein brutales Rollenspiel, weil er sich dadurch einen Erfolg bei Berta verspricht; die Formulierungen, die er benutzt, stammen sicher nicht aus seinem eigenen Vokabular:

> Fabian: Weib, einmal im Leben will ich ein Schurke sein.
> Berta: Warum sagst du denn immer Weib?
> Fabian: Du bist für mich das Weib.
> Berta: Das macht die Aufregung.
> Fabian: Berta, ich bin ein Würger der Frauen, ich muß mich gerad halten, daß ich dir nichts tue. Immer, wenn ich eine Frau sehe, muß ich ihr schon was tun.
> Berta: Tu mir nichts, Fabian, ich tu dir auch nichts. (GWI, S. 212 f.)

Der komische Dialog der beiden läßt an die Imitation einer Film-Szene denken, wobei Berta ein ironisierender Part zukommt. Auch hier läßt sich das Aufeinanderprallen großstädtischer Kultur und provinzieller Unberührtheit ablesen. Unreflektiert übernommene Klischees wirken grotesk. Die Komik entsteht in diesem besonderen Fall durch die Anwendung einer Sprache, die nicht eigentlich eine 'gesprochene' ist. Die noch ausdrucksstärkere Dialektsprache wird durch eine künstliche, fremde Sprache zerstört. Der Sprechende bedient sich eines Instrumentes, dessen Funktionsmöglichkeiten er nicht beherrscht.

Doch nicht immer ist Fabian der 'depperte Bub'; dem Vater gegenüber weiß er seine Interessen oft recht schlau zu vertreten. So antwortet er auf dessen Sentimentalität mit einer nüchternen, sachlichen Replik: "Ich brauche keinen Schmerz, ich brauche ein Taschengeld." (GWI, S. 201) Um das vom Vater in Aussicht gestellte Auto zu bekommen, ist er bereit, Benkes Forderungen zu erfüllen: "Die Berta ist reif." (GWI, S. 202) Benke löst sein Versprechen auch tatsächlich ein und verlangt nun, daß das 'Geschäft' perfekt wird: "Da steht dein Auto, jetzt schicke ich dir die Berta." (GWI, S. 205)

Das Auto ist von ambivalenter Bedeutung im Stück - außer, daß es von Brecht vorgegeben ist, dient es zum einen als Repräsentationsobjekt für den Wohlstand des Vaters, zum anderen soll es die Attraktivität des Sohnes steigern und tatsächlich hatte das Automobil in den zwanziger Jahren einen weitaus höheren Prestigewert als es selbst noch in heutiger Zeit besitzt. Welchen Einfluß es auf die Partnerwahl hatte, beweist folgendes Zitat: "Neben dem eleganten Manne am 'Volant' zu sitzen, war eben das Ideal der damaligen Weiblichkeit" (76).

Im Besitz des begehrten Wagens, versucht Fabian sich vor den Pionieren zu profilieren, was ihm jedoch nicht gelingt. Auf satirische Weise, die für Fabian recht untypisch ist und noch eher harmoniert mit der Darstellung der Figur in der Urfassung, schildert er den Unterschied zwischen einem amerikanischen und einem deutschen Autofahrer.

Trotz Auto und dem damit verbundenen Renommee hat Fabian es schwer, sich in dem Konkurrenzkampf mit den Pionieren zu behaupten. Für sein 'Versagen' bei Berta macht er die Pioniere verantwortlich und läßt sich gar zu einer haßerfüllten Androhung von Gewalt hinreißen: "Die ganzen Pioniere! Alle haben es auf mich abgesehen. Das tun die mit Fleiß. (...) Die Rasse muß vom Erdboden verschwinden, die ganzen Pioniere müssen weg, weg!" (GWI, S. 213)

Doch schließlich gibt es für Fabian ein 'Happy-End'. Er findet seine Frau: Alma. Die von den Pionieren Enttäuschte und sexuell Ausgebeutete nimmt sich seiner an und gelangt so, als Braut des Sohnes der 'Herrschaft', doch noch zum gewünschten gesellschaftlichen Aufstieg. Von ihr fühlt Fabian sich verstanden, sie gewährt ihm eine mütterliche Fürsorge, die er wohl seit dem Tod seiner Mutter vermißte.

Fabian ähnelt in gewisser Weise Berta: Beide sind, was die Liebe betrifft, naiv und unerfahren - nur, im Gegensatz zu Berta, wendet sich nichts davon gegen ihn, denn er genießt den Vorteil einer gesellschaftlich privilegierten Position.

7. "PIONIERE IN INGOLSTADT" – EXPERIMENT AUF DEM WEG ZUM "EPISCHEN THEATER"

Der Begriff des "epischen Dramas" und damit verbunden des "epischen Theaters" prägte sich erst gegen Ende der zwanziger Jahre auf breiterer Basis in den Sprachgebrauch der literarischen Öffentlichkeit ein.

Im "Kölner Rundfunkgespräch" (77) von 1929 weist Brecht auf die Entwicklungsgeschichte der epischen Form hin, auf die er und - wie er betont - seine Mitarbeiter sich stützen. In diesem Gespräch erwähnt er Dramen, die von dem 'Arbeitskollektiv' in epischer Form gestaltet wurden: Dazu zählt sein Stück "Mann ist Mann", Bronnens "Ostpolzug" und Marieluise Fleißers "Ingolstädter Dramen" (78).

Brecht entwickelte die formalen und inhaltlichen Anleitungen für Marieluise Fleißers Stück. Sie erzählte ihm von der Stationierung der Pioniere und dem Interesse, das Pioniere und Mädchen aneinander fanden. Damit lieferte sie ihm das Material und genau so wollte er es auch verstanden wissen: Eine Geschichte läßt sich demontieren zu einzelnen Situationen mit einem Materialwert, die wiederum zu einem Ganzen montiert werden können, ohne daß ein zwingender Zusammenhang zwischen den einzelnen Bildern hergestellt werden muß. Nicht die Verwicklung einer Handlung ist von Bedeutung, sondern deren Zerlegbarkeit.

Die epische Form ermöglicht es, Zusammenhänge und Konflikte zwischen den Figuren nicht auf individuelle Charaktereigenschaften zu reduzieren.

Die Darstellung von Konflikten ist nicht mehr in ein verwickeltes äußeres Geschehen gekleidet, sondern läßt sich in jeder Situation einfach herauskristallisieren, eine rationale Betrachtung wird somit möglich, da das emotionale Identifikationsschema gebrochen wird. Konflikte werden in ihrem gesellschaftlichen Zusammenhang gezeigt. Die Analyse solcher Konflikte bedarf einer wissenschaftlichen Methode. Brecht stützte sich in seinen theoretischen Überlegungen auf eine junge wissenschaftliche Disziplin: die Soziologie.

Durch diese wissenschaftliche Vorgehensweise unterstützte er seinen Versuch, die traditionelle Theaterform zu überwinden. Nicht die formale Entwicklung einer Ästhetik konnte dabei von Nutzen sein, sondern die Anwendung wissenschaftlicher Erkenntnistheorien. Durch diese Arbeitsweise grenzte er sich gegen jeden Versuch ab, schöngeistiges, die gesellschaftliche Situation verschleierndes Theater zu machen.

> Um dieses Theater zu liquidieren, das heißt abzubauen, wegzukriegen, unter dem Preis loszuschlagen, müssen wir schon die Wissenschaft heranziehen, so wie wir auch, um allerhand anderen Aberglauben zu liquidieren, die Wissenschaft herangezogen haben. Und zwar in unserem Fall die Soziologie, das heißt die Lehre von den Beziehungen der Menschen zu den Menschen, also die Lehre vom Unschönen" (79).

In Marieluise Fleißers Stück glaubte Brecht, seine Forderung - zumindest was die formale Gestaltung anbelangt - eingelöst zu sehen. Die Montageform des Stückes, die chronologisch zusammengesetzte Erzählung ohne die bewußte Hervorhebung eines dramatischen Höhepunktes, und die Darstellung von Konflikten, die sich aus Situationen entwickeln, bestätigen Brechts Vorstellungen vom epischen Drama und geben heute Aufschluß über "den Stand von Brechts Theorien des epischen Theaters um 1929/30" (80).

Einen Beweis für die Einlösung der zu jener Zeit aktuellen Forderungen Brechts nach einem "epischen Theater" liefert die Inszenierung des Stückes 1929; Brecht benutzte das Stück als Material, um mit einer Darstellungsform zu experimentieren, die es ermöglichen sollte, theoretische Konzeptionen in die Praxis umzusetzen.

8. DIE URAUFFÜHRUNG DER "PIONIERE IN INGOLSTADT" IN DRESDEN

An der "Komödie" Dresden gab es die "Junge Bühne", eingerichtet von Renato Mordo. Es war eine Versuchsbühne, die sich in der Konzeption an der Berliner "Jungen Bühne" Moritz Seelers orientierte (81).
Dort wurden am 25. März 1928 die "Pioniere in Ingolstadt" unter der Regie Renato Mordos uraufgeführt.
Den Kritiken ist zu entnehmen, daß das Stück keinen übermäßigen Beifall fand. Es wurde aber auch nicht 'verrissen', denn Marieluise Fleißer hatte bereits mit ihrem Erstlingswerk "Fegefeuer in Ingolstadt" erfolgreich in Berlin debütiert. Die Kritiker feierten schon damals beinahe einstimmig die epische Begabung der Autorin.
Auch in den Kritiken der Dresdener Uraufführung wurde das sprachliche Talent der Dichterin gelobt, der es gelungen sei, die Widersprüche, in denen die Figuren ihres Stückes leben, zu verdeutlichen.
Ein Tenor der Kritik:
Die Fleißer sei zwar eine talentierte Erzählerin, die aus dem zugrunde liegenden Stoff jedoch eher hätte einen Roman machen sollen, denn es mangele ihr an dramatischer Gestaltungskraft.
Auffällig oft findet man in den Kritiken Formulierungen wie "Sachlichkeit" des Stils oder "Soziologie der Zeit" (82), Begriffe, die einen Hinweis geben auf die Popularität der Stilrichtung "Neue Sachlichkeit", die zu jener Zeit ihren Höhepunkt erreichte und als ein Kriterium in der öffentlichen Diskussion über Kunst fungierte.
Das Stück "Pioniere in Ingolstadt" wurde den "neu-sachlichen" Ansprüchen gerecht. Man begrüßte das Stück im Zuge einer Abgrenzung zum "ewigen Molnar und ewigen Kadelburg" (83) und hielt es für richtungsweisend:

> "In der Versandung konventioneller Dramatik ist das herzhafte Stück ein Lichtblick. Keine Erfüllung, aber ein Weg" (84)

heißt es in einer Kritik. Der Hinweis auf die "konventionelle Dramatik" beleuchtet die Theatersituation in der Provinz zu jener Zeit - gemessen an Berlin, der Theatermetropole, zählte auch Dresden zur Provinz.
Dort war man sehr daran interessiert, den Anschluß an neue Tendenzen in der Dramatik nicht zu verlieren, denn Berlin reklamierte seinen Anspruch auf die Entdeckung und Förderung neuer Talente (85).
Formverändernde Elemente und Verlagerungen der Sujets auf die bisher in der Dramatik vernachlässigten Gesellschaftsschichten wurden jedoch noch in die Entwicklungslinie des "naturalistischen Dramas" eingegliedert. Die Kritik stützte sich dabei hauptsächlich auf die "Milieuschilderungen" im Stück, die in eine verwandtschaftliche Beziehung zur Dramatik Gerhart Hauptmanns gesetzt wurden: "Das hat Gerhart Hauptmann wundervoll gekonnt, wie alles Beste, was die Modernen zuwegebringen, sei es nun Brecht oder Jung, Menzel oder Marieluise Fleißer..." (86). Obwohl die Forderung nach einer geschlossenen dramatischen Form von den Kritikern nicht mehr ausdrücklich formuliert wurde, erwartete man doch eine Spannungsli-

nie, die sich durch das Stück ziehen sollte.

Anhand dieser Kritik findet man Anhaltspunkte für die Umbruchsituation, in der sich die Dramatik befand: Neue Inhalte erforderten auch eine neue formale Gestaltungstechnik. Das Montagestück, wie Brecht es konzipiert hatte und nach dessen Technik auch die "Pioniere" gearbeitet sind, stieß noch auf Widerstände eines durch die traditionelle Dramaturgie geprägten Publikums.

Die Rezeption des Stückes darf man jedoch nicht allein auf das Zeitphänomen einer Umbruchsituation beschränken. Denn in der Tat schien es den einzelnen Bildern des Stückes an einem logischen Zusammenhang zu mangeln, der erst in der späteren Bearbeitung deutlich gemacht wurde.

Der Vorwurf der Formlosigkeit wurde zu jener Zeit auch gegen Brecht laut, doch sprach bei der Uraufführung der "Pioniere" keiner der Kritiker auf die Ähnlichkeit mit Brechtscher Dramaturgie an. So findet man z.B. in einer Kritik an der Dramaturgie Brechts - von einem konservativen Mitglied der Volksbühnengemeinschaft vorgebracht - folgendes Urteil:

> Was ihm (Brecht - B.S.) fehlt, ist offenbar die Fähigkeit zur großen, übersichtlichen Komposition; seine Werke bleiben zu sehr ein Gewirr bunter Szenen ohne klare Linie, ohne überzeugende Entwicklung. Aber in der Gestaltung lebendiger, fast balladesker Bilder entfaltet er ein ungewöhnliches Talent (87).

Diese Kritik läßt sich leicht assoziieren mit Sätzen über das Fleißersche Stück: "Szenchen an Szenchen, zusammen ein etwas zerfahrener Roman" (88). Oder etwa:

> Das Stück hat schätzungsweise zwanzig Bilder. Es könnte ebensogut halb so viel oder nochmal so viel haben; der Endeffekt wäre derselbe. Formlosigkeit kann aus einer Überfülle an Phantasie entspringen; sie kann aber auch nur Verlegenheit sein (89).

Der Kritiker Herbert Jhering - wohl einer der populärsten Befürworter der Brechtschen Dramatik - schrieb eine der positivsten Kritiken über die "Pioniere". Er erkannte in Marieluise Fleißer ein großes Talent und hatte schon ihr Theaterdebüt enthusiastisch aufgenommen. Er betonte als einziger Kritiker das "gestische Moment" des Stückes und führte damit eine Brechtsche Kategorie in die Kritik ein (90). Was er für eine Stärke des Stückes hielt, erwies sich in der szenischen Umsetzung des Stückes seiner Meinung nach als zu schwach: "... die mimische Ausdeutung und Ausarbeitung der Vorgänge (in der Phantasierichtung Karl Valentin) war schwach" (91).

Der Mangel lag demnach in der praktischen Ausführung des "epischen Dramas". Kaum gab es Regisseure und Schauspieler, die der adäquaten Umsetzung des theoretischen Ansatzes eines "epischen Theaters" in die Theaterpraxis gewachsen waren. Ein Grund, warum die Berliner Inszenierung des Stückes dann schließlich doch von Brecht besorgt wurde. In seiner Kritik der Dresdener Aufführung projektierte Jhering das Stück für eine mögliche Berliner Inszenierung - er hatte sich dann auch, unter anderen, für die Berliner Aufführung eingesetzt: "In Berlin müßten die 'Pioniere' im sachlichen Vorgang, im Inhaltlichen klarer und voller, im Stil einleuchtender gespielt werden, ..." (92).

Renato Mordos Inszenierung war in der Kritik umstritten; einige Kritiker hielten sie für gelungen, lobten den "spaßigen Rahmen" der Inszenierung (93) und die Belebung der Komödie durch eine "ironisierende Stilisierung" (94). Andere wieder kritisierten die Überbetonung ins "Groteske" (95). Das verwendete Vokabular jener Kritik läßt jedoch noch auf Sehgewohnheiten schließen, die durch einen naturalistischen Inszenierungsstil geprägt waren:

> Marieluise Fleißers Begabung ist, daß sie die Natur beobachtet hat, und verstärkte. Mordos Inszenierung verzerrte das Charakteristische des Stückes. Diese Ingolstädter waren in Mordos Händen Marionetten geworden, über die man weder weinen noch lachen konnte (96).

Anhand der Kritiken der Dresdener Uraufführung des Stückes lassen sich Merkmale ablesen, die Aufschluß bieten über die aktuelle Theatersituation jener Zeit. Das Stück ist ein Beweis des Wandlungsprozesses der Dramatik vom naturalistischen, expressionistischen hin zum "epischen Drama", das noch in den Anfängen steckte, nicht zuletzt, weil eine veränderte dramatische Form auch einen innovativen Inszenierungsstil verlangte.

9. ERSTAUFFÜHRUNG DER "PIONIERE IN INGOLSTADT" IN BERLIN - DOKUMENT DER ARBEITSMETHODE BERTOLT BRECHTS

Ein Jahr nach der Uraufführung in Dresden vermittelten Brecht, Jhering und der Dramaturg Heinrich Fischer das Stück an Ernst Josef Aufricht. Er war Leiter des Theaters am Schiffbauerdamm. An dieser Bühne war zuvor die "Dreigroschenoper" mit großem Erfolg aufgeführt worden.

Brecht fand in Aufricht einen Theaterleiter, der nicht nur ein kommerzielles Interesse verfolgte, sondern vor allem auch durch ein künstlerisches und gesellschaftspolitisches Engagement seiner Position gerecht zu werden versuchte. Er war bereit, der avantgardistischen Gruppe um Brecht, so gut es ging, freie Arbeitsmöglichkeiten zu schaffen, - eine Ausnahmesituation in einer Gesellschaft, in der das Theater einem immensen Profitinteresse unterworfen war, denn besonders die Berliner Theaterlandschaft wurde hauptsächlich von Privattheatern dominiert.

> Die privatkapitalistischen Theaterunternehmer hatten sich nach der Novemberrevolution als mächtig genug erwiesen, die Sozialisierungspläne der Genossenschaft Deutscher Bühnenangehöriger und der Besucherorganisation zu Fall zu bringen. (...) Das schon vor und während des Weltkrieges praktizierte gewinnträchtige "amerikanische" Produktionssystem des auf die Zugkraft eines hochbezahlten Stars spekulierenden Serienstücks brachte den meisten Unternehmen vor und während der Inflation hohe Profite (97).

Das Theater am Schiffbauerdamm bot den jungen Theaterleuten die Möglichkeit, zu experimentieren. Marieluise Fleißer schildert Brechts Interesse an dem Theaterleiter Aufricht in ihrer Erzählung "Avantgarde":

> Er war Hausdichter geworden an einem alten Theater bei einem ganz neuen Mann, der sein Geld gemacht hatte mit Holz, der sein Geld aus dem Holz für ihn wagte. Der neue Mann traute sich einen naiven Aufschwung zu für neues Theater, er begeisterte sich, in die Kunst wollte er sich gerne verlaufen, noch konnte er es sich leisten. So einen suchte der Dichter schon lang. Er suchte den Mann mit dem Mut und mit der geringsten Kenntnis von Gefahr. Er brachte ihm sogar Glück auf den Weg. (GWIII, S. 148)

Bertolt Brecht war zwar zu jener Zeit schon ein bekannter Dramatiker, doch fand er als Regisseur, der einen eigenen Stil praktizierte, in der Reihe der 'großen' Regisseure wie Reinhardt, Jessner und Piscator noch eine relativ geringe Beachtung. Ein Grund dafür war die sich nur langsam vollziehende Modifikation der Sehgewohnheiten vom expressionistischen zum sachlichen Stil. Die Forderungen Brechts nach einem "epischen Theater", neuen Formen und Inhalten, standen noch immer konträr zu einer naturalistisch, expressionistisch geprägten Theaterpraxis. Das beweisen gerade die Theaterkritiken zu "Pioniere in Ingolstadt", die zwar angefüllt sind mit einem "neu-sachlichen" Vokabular, die Versuche einer neuen Darstellungsweise jedoch noch oft genug an einem naturalistischen Stil messen.

Die Kritiker erkannten in Brecht sehr wohl einen 'Neuerer' der Dramatik, doch beweist das gefühlsbetonte Vokabular, mit dem einige Kritiker ihn beurteilten, wie wenig sie ihn als Sprengkraft verstanden - als eine Kraft, die mit dem traditionellen Theater endgültig brechen wollte. Das Problem liegt darin, daß man versuchte, ihn aus einer Tradition heraus zu bewerten, in der viele Kritiker selber noch verhaftet waren, und ihn dadurch entpolitisierte, indem man ihn ästhetisierte. So schreibt der Theaterkritiker und Dramaturg Julius Bab über Brecht:

> Das ist der Dichter eines neuen Stils, bei dem der Expressionismus wieder Naturboden unter die Füße bekam, zähen Lehmboden, dem er sich mit wüsten Stößen einer aufbegehrenden Leidenschaft gewaltsam emporzurecken suchte (98).

Im Jahre 1929 schrieb Julius Bab einen polemischen Aufsatz mit dem Titel "Episches Drama?", in dem nichts mehr von seiner früheren Beurteilung des Dramatikers Brecht zu lesen ist, er erwähnt den Namen Brecht im Zusammenhang mit dem "epischen Drama" gar nicht einmal. Er charakterisiert in diesem Aufsatz eine bestimmte Gruppierung junger Leute, der er jedoch kaum ein literarisches oder gar gesellschaftspolitisches Gewicht beimißt, sie vielmehr als Modeerscheinung einstuft:

> Es läuft ein neues Schlagwort um, das heißt "Episches Drama". Eine kleine, aber ungemein regsame Literatengruppe in Berlin hat es in die Welt gesetzt und suggeriert hie und da auch strebsamen Jünglingen im Reich, man müsse sich für das "Epische Drama" begeistern, wenn man irgendwie die Zeitläufe verstehen und auf der Höhe des Tages wandern wolle. Dieser merkwürdige Begriff wird nicht nur zum Maßstab für alle neue Produktion erhoben, auch die Klassiker werden an ihm gemessen, sollen nach ihm eingerichtet oder gänzlich verworfen werden (99).

Zu jener Zeit hatte Brecht seine dramentheoretischen Forderungen schon deutlicher formuliert, indem er sich gegen das traditionelle Drama abgrenzte. In dem fragmentarischen Aufsatz "Über eine neue Dramatik" aus dem Jahre 1928 schreibt er:

> Die Wahrheit ist: die alte Dramenform ist kaputtgegangen. (...) Ein für allemal und selbst dann, wenn dadurch eine ganze Generation "erfahrener" Kritiker vor die Notwendigkeit gestellt wird, ein neues Abc zu lernen: die alte Dramenform ist tot, und jeder Versuch einer Erneuerung ist korrupt und wird vereitelt werden. Alle jüngeren Leute, die sie immer noch benutzen, müssen ruiniert werden, auch da, wo sie die Theater für sich haben, weil sie deren faulem und unerzogenem Publikum Futter reichen; (...) (100)

Allen Versuchen, ihn lediglich als Neuerer einer Tradition zu werten, machte er damit eine Kampfansage. In seinen programmatischen Forderungen ging er um Schritte weiter als beispielsweise Erwin Piscator, der sich ebenfalls zum Ziel gesetzt hatte, politisches Theater zu machen. Zu dieser Art von Theater sagt Brecht:

> Die politisch verdienstvolle Übertragung revolutionären Geistes durch Bühneneffekte, die lediglich eine aktive Atmosphäre schaffen, kann das Theater nicht revolutionieren und ist etwas Provisorisches, das nicht weitergeführt, sondern nur durch eine wirklich revolutionierte Theaterkunst abgelöst werden kann. (...) Es ist angewiesen auf die pure Reproduktion schon vorhandener, also herrschender Typen, in unserem Sinne also bürgerlicher Typen, und muß auf die politische Revolution warten, um die Vorbilder zu bekommen. Es ist die letzte Form des bürgerlich-naturalistischen Theaters (101).

Jede rein formale Innovation lehnte Brecht ab. Gesellschafts- und theaterpolitische Forderungen sollten ineinandergreifen, damit neue Inhalte auf die Bühne gebracht werden konnten in Form einer Dramatik, die selbstverständlich auch einer neuen formalen Gestaltung bedurfte.

Brechts politische Ansprüche wurden auch von Aufricht vertreten. Zusammen mit seinen Dramaturgen Heinrich Fischer und Robert Vambery versuchte Aufricht an seinem Theater zu diesem Zweck eine Basis zu schaffen. In seiner Autobiographie schreibt er:

> Beide, Fischer und Vambery, sind in ihren künstlerischen Meinungen unbestechlich und zu keiner Konzession bereit, beide an Geld uninteressiert, und da ich ihnen darin gleich, waren wir ein gutes Team. Wir hatten die übliche politische Linkstendenz. Wir waren Zeugen des Zerfalls des Kaiserreiches und erhofften uns von der Republik ein neues Zeitalter. Wir waren Pazifisten und Sozialisten. Alle Tendenzen und Personen, die diesen Ideologien widersprachen, bekämpften wir. Wenn wir nur einen Funken der alten Tradition zu entdecken glaubten, trampelten wir blindwütig mit beiden Füßen auf der bereits kalten Asche der Vergangenheit herum und übersahen das Glimmen eines neuen Brandes (102).

Die Konzeption des Theaters war politisch, und so plante man nach der erfolgreichen Aufführung der "Dreigroschenoper" die Inszenierung von Peter Martin Lampels "Giftgas über Berlin". Das Stück wurde verboten. Im Kampf gegen die Zensurmaßnahmen gründete man die "Vereinigung gegen die Wiedereinführung der Zensur". Zu dieser Vereinigung gehörte die

> Mehrzahl aller Theaterkritiker und Prominenten der Literatur und viele andere Persönlichkeiten, die einen Namen in der Öffentlichkeit hatten, u.a. Einstein, Thomas Mann, Heinrich Mann, Feuchtwanger, Toller, natürlich Brecht und Weill, (...) (103)

Obwohl die Zensur per Gesetz nicht mehr existierte, stützten sich die staatlichen Kontrollorgane auf Ausweichparagraphen, wie es sich vor allem auch am "Pionier"-Skandal zeigen sollte.

Zum Gebrauch der Zensur heißt es im Artikel 118 der Weimarer Verfassung:

> Jeder Deutsche hat das Recht, innerhalb der Schranken der allgemeinen Gesetze seine Meinung durch Wort, Schrift, Druck, Bild oder in sonstiger Weise frei zu äußern. (...) Eine Zensur findet nicht statt, doch können für Lichtspiele durch Gesetz abweichende Bestimmungen getroffen werden. Auch sind zur Bekämpfung der Schund- und Schmutzliteratur sowie zum Schutze der Jugend bei öffentlichen Schaustellungen und Darbietungen gesetzliche Maßnahmen zulässig (104).

Während die Auseinandersetzungen um den "Giftgas"-Fall sich weiter zuspitzten, wurde mit den Proben zu "Pioniere in Ingolstadt" begonnen. Nominell führte Jacob Geis die Regie, den Brecht noch aus seiner Münchner Zeit kannte. Er hatte 1926 bei der Uraufführung von "Mann ist Mann" am Landestheater Darmstadt die Regie geführt.

Doch schon bald übernahm Brecht selbst die Regie (105), denn er verfolgte mit der Inszenierung ein ganz bestimmtes Ziel: die Provokation des Publikums. Die Aufführung sollte für ihn zum Experiment werden, sollte Aufsehen erregen, denn die Dresdener Aufführung war ihm zu unauffällig. Das Stück wollte er zu diesem Zweck ummontieren, und er verlangte von Marieluise Fleißer, daß sie Szenen umschreibe. So mußte sie ihre Flexibilität innerhalb der Brechtschen Arbeitsmethode unter Beweis stellen, was ihr große Schwierigkeiten bereitete: "Der Dichter verlangte Änderungen an dem Stück, die Proben liefen. Die setzten ihr nach auf dem Fuß, wo es ihr doch nur langsam geriet, schnell überhaupt nicht geriet." (GWIII, S. 151)

Brecht konzentrierte sich so stark auf die Regie, daß das Stück nur noch Materialwert für ihn besaß und dauernd während der Proben verändert wurde. Die Autorin sollte den "Pfeffer" in das Stück bringen (GWI, S. 445), der Regisseur und das Ensemble erprobten eine neue Spielart – denn: jede Inszenierung, jeder praktische Versuch markierte für Brecht den Weg zum "epischen Theater", die Einlösung von Theorie in die Praxis.

Marieluise Fleißer paßte sich jedoch nur mühevoll der Brechtschen Arbeitsweise an, sie brauchte Zeit, um ihre Stücke zu schreiben und zudem fehlte ihr die Erfahrung mit praktischer Theaterarbeit. Nur als Schriftstellerin konnte sie wenig ausrichten in diesem Arbeitsprozeß. Darüber schreibt sie:

> Hier ging es nicht zu wie in den anderen Häusern, wo man sich an einen Text hielt, der war hier nicht interessant. Den Text schmiß man hier durcheinander von vornherein und dann noch einmal durcheinander, bis man ihn nicht mehr kannte. Hier war das Lernen Methode, hier fiel man nicht vom Himmel, man probierte was aus. Die ausgetretene Bahn galt hier nicht, mit Wissen nämlich und Willen. Ein Text wurde gar nie fertig, das war seine vornehmste Eigenschaft und das merkte sie sich, ein Text war Rohstoff und ein Autor der Letzte, jeder Schauspieler galt mehr beim Theater. (GWIII, S. 152)

Der Lernprozeß ist das entscheidende Kriterium, an dem Brechts Regie-Arbeit zu messen ist. Ein Zeugnis der Brechtschen Regie-Arbeit gibt auch der folgende Text:

> Enger als bei irgendeinem andern Dichterregisseur liegen bei Bertolt Brecht die schriftstellerischen in die inszenatorischen Energien eingebettet. Seine Dramentexte sind während der ganzen Vorbereitungs- und Probenzeit bis zur Premiere des Stückes in ununterbrochener Wandlung begriffen. Die meisten von ihnen sind visionäre, nicht wiederzuerkennende Umbildungen vorhandener Stücke (106).

Brecht entwickelte das Regie-Theater ein Stück weiter: Das Medium Theater mit all seinen Möglichkeiten dominiert dabei über das dramatische Werk und nimmt sich die Freiheit, es neu zu gestalten (107). Das traditionelle Rollen-Schema: hier Autor – da Regisseur und Schauspieler wird gebrochen und verschmilzt mehr und mehr zugunsten eines Arbeitsensembles.

Brechts Anliegen war es, die Stücke genau zu inszenieren, zu analysieren und sie keineswegs willkürlichen Regieeinfällen zu unterwerfen. In einem Aufsatz mit dem Titel "Über die Probenarbeit" schreibt Brecht:

> Fast immer handelt es sich bei den Proben darum, daß der Spielleiter ausprobiert, wie sein Gesamtbild von den Schauspielern zu erreichen ist. (...) Aber dem steht die "Vision" des Spielleiters entgegen, der selber nicht eigentlich probiert, das heißt selber eine fixierte Vorstellung mitbringt. Fast nie sah ich, daß eine Aufführung von Satz zu Satz und Bewegung zu Bewegung nüchtern und kritisch entwickelt wurde (108).

Auch wenn Brecht die Führungsposition einnahm, bot seine Arbeitsweise Chancen, einer isolierten Arbeitssituation zu entkommen zugunsten eines kollektiven, mitverantwortlichen Wirkens – wenn man diese Chance zu nutzen verstand.

Marieluise Fleißer fiel es schwer, zumal sie ein gebrochenes Verhältnis zu ihrem Stück hatte, von dem sie sich durch das dauernde eilige Umschreiben mehr und mehr entfremdete. Sie fühlte sich einem ständig wachsenden Druck ausgesetzt, dem sie auszuweichen versuchte:

> Und als es zertrümmert war und verworfen und als es nicht stand, war sie auch schon abgelaufen, die Uhr, den übernächsten Tag mußte der Vorhang schon steigen. Der Schluß war im Text noch nicht fertig, wie sollte er fertig werden im Spiel? Sie wurde von der Unmöglichkeit verfolgt und geschunden. Da drehte sie durch, einfach durch. Sie konnte nichts mehr hinschreiben, nicht einmal ihren Namen. Ihr versagte sich jedes einzige Wort. Man durfte ihr gar nichts mehr wollen. Das Dunkel schlug über ihr zusammen. (GWIII, S. 152)

Am 30. März 1929, am Tage der Aufführung, wurde das Berliner Publikum mit Brechts inszenatorischem "Pfeffer" konfrontiert. Brechts Wunsch nach Aufruhr wurde nicht enttäuscht.

10. DER 'INSZENIERTE' SKANDAL

Jeder Theaterskandal entspringt ganz gewiß einer emotionalen Reaktion, die sich in der Empörung des Publikums ausdrückt. Doch könnte man das als Wirkung bewerten, dessen Ursache in einer ganz bestimmten Vorgeschichte wurzelt, in einem konkreten gesellschaftlichen Zusammenhang. Der "Pionier"-Skandal hatte seine Vorgeschichte in einer Reihe von Aufführungen am Theater am Schiffbauerdamm, das sich ja bewußt - wenn auch nicht programmatisch - gegen ein reines Unterhaltungs- und Profittheater wandte. Die Stücke, die gespielt wurden, richteten sich zum Teil gegen die bestehende gesellschaftliche Ordnung, schon einmal fiel eines davon - "Giftgas über Berlin" - den staatlichen Zensurmaßnahmen zum Opfer.

Dieses Theater war politisch und verhielt sich keineswegs opportunistisch. Bertolt Brecht galt als "linksextrem" (GWIII, S. 154), und Aufricht, der Theaterleiter, war Jude - beides Umstände, die während des fortschreitenden Verfallsprozesses der Weimarer Republik zu Konfrontationen führten.

Im Alter durchschaute Marieluise Fleißer die Zusammenhänge des Skandals; ob sie es als junge Frau auch so einschätzte, darüber existieren keine Zeugnisse. So beschreibt sie den Skandal in ihrer Erzählung "Avantgarde" als einen organisierten Aufruhr von Reaktionären, die sich hauptsächlich aus dem völkisch-nationalen Lager rekrutierten:

> Auf das Stück schlug man, meinte noch mehr die Hintermänner damit. Der Kampf gegen das Theater stand bei gewissen Parteien schon auf dem Programm. (...) Die Zeit hatte ihre besondere Schärfe, sie war schon mit dem aufgeladen, was hinterher kam. Man wollte das Ärgernis nehmen. Den Tag zuvor war schon angesagt, daß man Hausschlüssel mitbringen mußte, man würde sie brauchen. Die Presse ging hin mit dem Wissen. Der Skandal war organisiert, nicht spontan, die Störtrupps waren über das Haus nach der größtmöglichen Wirkung verteilt. Die großen Unbekannten, in Wahrheit Bekannten, ließen sich den Hexensabbath was kosten. (...) Die Einsatzleute pfiffen schrill auf dem Schlüssel, von den Rängen brandete es herab, die Entschlossenen klatschten dagegen. Es wurde ein hochgezüchteter Theaterskandal. In einer Orgie kämpften alle gegen alle. (GWIII, S. 154) (109)

In der Zeit einer politischen 'Gärung', wie sie für das Ende der Weimarer Republik bezeichnend war, nutzte man jeden Anlaß, seine politischen Kämpfe auszutragen. Der Begriff "Orgie", den Marieluise Fleißer verwendet, impliziert eine Art Lustprinzip, das solchen Kämpfen - auch heute noch - zu Grunde liegen mag, man lieferte sich Scheingefechte von links und rechts, hinter denen sich andere Interessen und in Wahrheit festgelegte Strukturen verbargen.

Der "Pfeffer", den Brecht von der Fleißer gefordert hatte, beschränkte sich auf eine neu geschriebene Szene, in der sich drei Gymnasiasten über die "Anatomie des weiblichen Körpers" (GWI, S. 445) mokieren.

Der inszenatorische "Pfeffer", mit dem Brecht das Stück 'würzte', lag in der Dialogszene des Dienstmädchens Frieda und des Pioniers Karl, in der sie ihm eine Geschlechtskrankheit gesteht - diese Szene spielte "mitten auf dem Friedhof zwischen Grabsteinen" (GWI, S. 445). Auch die auf offener Bühne in einer "rhythmisch wackelnden Kiste" (GWI, S. 445) vorgeführte Defloration Bertas löste Proteststürme aus.

Unter den Zuschauern saß auch der Polizeivizepräsident Weiss, ein Beweis dafür, daß ein Skandal möglicherweise schon vorher angesagt worden war und daß das Theater am Schiffbauerdamm polizeilich observiert wurde.
Er verbot die Aufführung sofort (110). Weiss "verstand sich (zwar) als Liberaler" (111) - so hatte er noch 1921 die Aufführung des Schnitzlerschen "Reigen" ermöglicht -, doch seine Einstellung zur Zensur nahm mit der Zeit eine immer schärfere Form an. Dazu bezog er ausführlich Stellung in einem (Rechtfertigungs-)Artikel, der im "Tagebuch" abgedruckt wurde. Darin versuchte er - ausgehend vom "Giftgas"-Fall - seine Position zu erklären, in der er glaubte, einem 'öffentlichen Willen' gerecht werden zu müssen:

> Wenn ich selbst das Bestehen einer Theaterzensur gegenwärtig für notwendig ansehe und dafür eintrete, daß gewisse Auswüchse im Theaterleben durch die Anwendung des alten Landrechtsparagraphen beseitigt werden, so glaube ich mich in dieser Haltung einig zu wissen mit der überwiegenden Mehrheit unseres Volkes und unseres Parlaments. Andernfalls hätte man diese alte Gesetzgebung, mindestens in ihrer Tragweite auf das Theaterleben, längst außer Kraft gesetzt. Und wenn ich mich für eine milde, vorsichtige Handhabung der Theaterzensur einsetze, die sich vor allem von jedem Eingriff in das Gebiet wahrer Kunst fernhält, so glaube ich auch hier dem gesunden Willen von Volk und Parlament zu entsprechen (112).

Das Ausweichen auf eine Formulierung wie "wahre Kunst" beweist, wie einfach und willkürlich die Handhabung der Zensur war. Die "wahre Kunst" ist jedem gesellschaftlichen Zusammenhang enthoben, entpolitisiert und damit unschädlich gemacht.

Im "Giftgas"-Fall rechtfertigte die Polizei ihr Verbot mit dem Hinweis auf Präventivmaßnahmen: man befürchtete, das Stück könne Gewalttätigkeiten unter den sich bekämpfenden politischen Gruppen auslösen. So argumentierte Weiss mit Hilfe einer Entscheidung des Oberverwaltungsgerichts:

> Das Oberverwaltungsgericht macht in dieser Entscheidung einen scharfen Unterschied zwischen Theaterstücken, deren Inhalt, vom sicherheitspolizeilichen Standpunkt betrachtet, bedenklich ist, und solchen Stücken, deren Inhalt unbedenklich erscheint. Der erste Fall ist dann gegeben, wenn die Zuschauer durch die Aufführung des Theaterstücks - so sagt das O.V.G. - "so erregt und aufgereizt werden, daß sie in Verfolg der empfangenen Eindrücke zu Gewalttätigkeiten getrieben werden. Liegt diese Gefahr vor" - so fährt das O.V.G. fort - "so ist ein polizeiliches Verbot der Theateraufführung auf Grund des § 10 II 17 ALR durchaus berechtigt" (113).

Diese Auslegung könnte man als gesetzliche Spitzfindigkeit bezeichnen, bedenkt man, daß eine Störung der Aufführung und eine damit verbundene gewaltsame Konfrontation - wie im Fall der "Pionier"-Aufführung - bewußt gesteuert wurde. Und auch in diesem Fall berief man sich auf den alten Landrechtsparagraphen aus dem Jahre 1794, wollte man das Stück verbieten. Es blieb jedoch zunächst nur bei der Warnung vor einem Verbot, falls das Stück nicht geändert würde.

Das Theater als ein öffentliches Forum spiegelte die Auseinandersetzungen der sich bekämpfenden gesellschaftlichen Kräfte wieder. Es wurde zum Seismographen einer politischen Situation. Im Falle des "Pionier"-Skandals kann man den Kritiken, den Protesten und öffentlich geführten Diskussionen entnehmen, daß die moralisch verbrämten Angriffe auf die erotische Dimension des Stückes und dessen Inszenierung lediglich eine Seite der ideologisch-politischen Kämpfe zu Ende der Weimarer Republik ausmachten. Durch das Erstarken politisch reaktionärer Gruppierungen, die Einfluß nahmen auf breite Massen der Bevölkerung und deren schlummernden Unmut schürten, wurde eine immer stärker werdende faschistische Tendenz zu Tage gelegt - vor allem mittelständische Schichten waren dafür anfällig. Sie fühlten sich dem Proletariat nicht zugehörig, stellten sich in der politischen Auseinandersetzung nicht auf dessen Seite, sondern wechselten zur Gegenpartei über, auf dem sicheren Wege zum Faschismus.

Die Empörung gerade dieses Teiles der Bevölkerung über die Bedingungen des Versailler Vertrages schlummerten während der zwanziger Jahre nie, was von rechten Kräften zu Manipulationszwecken genutzt wurde, die darauf abzielten, sich gegen den 'Schand- und Schmachvertrag' aufzulehnen, und in der Tat beschleunigte die miserable wirtschaftliche Situation in Deutschland den Zerfall der Republik.

Das alles waren historische Bedingungen, die eine Bedeutung im "Pionier"-Skandal hatten.

11. DIE GESELLSCHAFTLICHEN HINTERGRÜNDE DER BERLINER KRITIK

Bertolt Brecht hatte in der Zeitung des Schiffbauerdammtheaters das Stück "Pioniere in Ingolstadt" folgendermaßen kommentiert:
> Das Lustspiel "Pioniere in Ingolstadt" stellt Sitten und Gebräuche im innersten Bayern dar. Man kann an ihm sehr gut gewisse atavistische und prähistorische Gefühlswelten studieren. So ist die Urform der Liebe in ihm, wie eine gewisse Urflora in Kalkformationen, noch ziemlich rein erhalten geblieben.
> Brecht (114)

Brecht versuchte dadurch, die Problematik des Stückes als bajuwarisches Kuriosum zu präsentieren - so konnte Parallelen ziehen wer wollte. Den Komplex Militarismus, der ihn ja an diesem Stück besonders interessierte, erwähnte er hier in keinem Wort.

In der Inszenierung vermied es Brecht auch, eine unmittelbar zeitbezogene Darstellung der Pioniere zu geben, indem er ihre Kostümierung auf die Vorkriegsjahre zurückdatierte, obwohl Marieluise Fleißer an Pioniere der preußischen Armee gedacht hatte.

Günther Rühle meint dazu, daß Brecht dies "wohl aus Gründen der historischen Distanzierung, also innerhalb seiner Untersuchung von Verfremdungsmethoden" (GWI, S. 24) tat. Seine Intention ist jedoch nicht eindeutig rekonstruierbar, denn genausogut könnte man diesen Regieeingriff auch als Entschärfung des Stoffes bewerten - vor allem zu einer Zeit, da der Militarismus sich wieder offen einer großen Beliebtheit erfreute, was ich anhand der Kritiken später noch aufzeigen werde. Zu diesem Problem gibt es allerdings eine Stellungnahme des Regisseurs Geis, die wiedergegeben wird in dem "Bericht über die öffentliche Sitzung vom 18. April 1929" des Stadtrats Ingolstadt:
> Man hat das bayerische Vorkriegsmilitär auf die Bühne gebracht, obwohl die Fleißer sagte, daß die preußischen Pioniere gemeint seien, hat sich der Regisseur nicht daran gekehrt, der erklärt haben soll: "Ja, wenn ich preußische Pioniere so auf die Bühne bringe, werde ich gesteinigt" (115).

Man könnte diesen Satz als Zugeständnis Brechts an Geis werten, der ja immerhin seinen Namen für die Inszenierung herhielt.

Die Reaktionen, die die Aufführung bei der Kritik auslöste, bezogen sich hauptsächlich auf zwei Komplexe:

zum einen auf die freizügige Darstellung von Sexualität seitens einer Frau, zum anderen auf den Angriff gegen das Militär, den man ebenfalls besonders einer Frau übel nahm. Das galt für die Berliner Kritik - die Ingolstädter Empörung beruhte darüber hinaus auf der vermeintlichen Verunglimpfung der Stadt.

Die Rezeption des Stückes war sowohl im linken Lager der Kritik als auch in ihrem rechten keineswegs homogen. So sprachen sich beispielsweise Kritiker wie Jhering und Kerr - gerade in ihrer Einschätzung Brechts sehr konträr - lobend über Stück und Inszenierung aus. Die Kritik dieser beiden Kontrahenten betonte ausdrücklich - wie auch schon bei der Aufführung von "Fegefeuer in Ingolstadt" 1926 - die sprachliche Begabung der Dichterin. Einig waren beide Kritiker sich auch in der Verurteilung der Zensurmaßnahmen. Sowohl Jehring als auch Kerr bestätigten indirekt in ihrer Kritik die These des 'inszenierten Skandals' als Auswirkung einer politisch reaktionären Tendenz. Alfred Kerr schrieb darüber:

> Sollen Werte dieser Art von einer Kryptozensur bedrängt werden? Bitte nicht! Bei wirklichen Exzessen griff sie niemals ein. (...) Ein saftiger Auftritt spielt auf dem Friedhof. Nahm Bismarck an Schweningers Friedhofserlebnissen Anstoß? Nun also. Auch die republikanische Zensur, bitte, nicht (116).

Herbert Jhering resümierte:

> Heute abend soll ein Kriminalbeamter die Vorstellung kontrollieren. Werden von ihm neue Änderungen abhängig gemacht werden? Berlin 1929. Berlin 1906 wurde Wedekinds 'Frühlingserwachen' gegeben. Auch mit einer Friedhofsszene. Niemand protestierte (117).

Und so äußerte sich auch der Kritiker Kurt Pinthus, der die Aufführung ebenfalls positiv rezensierte:

> Immer wieder muß der heutige paradoxe gesetzliche Zustand aufgezeigt werden: Es gibt zwar keine Zensur mehr. Aber jedes Stück kann, wenn die Polizei will, auf Grund eines alten Landrechtsparagraphen verboten werden (118).

Auf den von ihm erwähnten Paragraphen des Allgemeinen Landrechts aus dem Jahre 1794 stützten sich viele Zensureingriffe jener Zeit (119).

In einer anderen zeitgenössischen Wertung hieß es zu diesem Paragraphen:

> Die öffentliche Sittlichkeit, so argumentierte die Polizei, ist ein Teil der öffentlichen Sicherheit, die zu schützen ihres Amtes ist; der § 10 II 17 des Allgemeinen Landrechts von 1794, durch den die Polizei eine Generalermächtigung hat, muß dazu herhalten, Eingriffe auf dem Gebiete der Kunst verwaltungsrechtlich zu stützen (120).

Mit Leichtigkeit zog die staatliche Exekutive diesen völlig veralteten Paragraphen zu Hilfe. Die Fortschrittlichkeit der Weimarer Verfassung wurde dadurch ad absurdum geführt. Politische Freiheit blieb so theoretischer Anspruch, 'Recht und Ordnung' - im reaktionären Sinne - bestimmten die Wirklichkeit (121).

Ein Schwerpunkt der öffentlichen Angriffe lag - wie schon oben erwähnt - auf der offenen Form der Darstellung von Sexualität auf der Bühne, scheinbar besonders gravierend, da das Stück aus weiblicher Feder stammte. Die Argumentation stützte sich dabei auf ein traditionelles, weibliches Rollenverständnis der Frau als 'Hüterin' von Moral und Sittlichkeit - ein ideologischer Anachronismus, gemessen an der wachsenden Bedeutung der Frauen als Produktionskräfte in den Zwanziger Jahren, die vor allem auch durch die Auswirkungen des Ersten Weltkrieges eingeleitet wurde. Die Frauen mußten während des Krieges die männliche Arbeitskraft auf allen Produktionsgebieten ersetzen, was ihr Selbstbewußtsein erheblich stärkte. Die zunehmende Arbeitslosigkeit während der Zwanziger Jahre erschwerte es den selbständigen berufstätigen Frauen jedoch, ihre Positionen weiter auszubauen. In dieser wirtschaftlich und politisch unruhigen Situation konnten konservative gesellschaftliche Kräfte verstärkt auf eine ideologische Taktik zurückgreifen, mit deren Hilfe die Aufgabe der Frau auf den Bereich der Wiederherstellung und Wahrung einer 'zerrütteten' Moral abgedrängt wurde, ein Umstand, den man in einer Zeit des erstarkenden Nationalismus dem 'zersetzenden' Einfluß ausländischer 'Sittenlosigkeit' zusprach, also als Charakteristikum des Auslandes, das auch den Versailler 'Schandvertrag' diktiert hatte.

Auf das imaginierte Bild der Frau hatte diese nationalistische Gesinnung einen besonderen Einfluß. Die Konsequenzen einer solchen Rollenzuschreibung reichten bis in den Nationalsozialismus. So bewertete z.B. Klaus Theweleit in seinen "Männerphantasien" die erotischen Wunschvorstellungen des soldatischen, nationalsozialistischen Mannes als faschistische Elemente. Der Idealtypus dieser Männer - ob bewußt oder unbewußt - ist die "weiße Frau", die allein 'geliebt' wird und gesellschaftsfähig ist. Das Wunsch-Pendant ist die sexuelle Frau der "roten Flut", die dem Lager des politischen Gegners zuzuordnen ist, dessen drohende, 'überflutende' Macht man einzudämmen versuchte (122). Es sind scheinbar entäußerte Antinomien, die jedoch e i n e m männlichen Bewußtsein bzw. Unbewußten entspringen. Diese Einschätzung scheint mir im Falle der Kritik an Marieluise Fleißer besonders schlüssig zu sein. Zu welcher 'Kategorie' Frau sie gezählt wurde, wird in folgender Kritik deutlich, die einer NSDAP-Zeitung entstammt: "Ein marxistisch-barmatiadischer Fall. Jüdische Geilheit und Dirnentum beschmutzen bairisches und deutsches Gemüt" (123).

Der Begriff des "Jüdischen" kann dabei erweitert werden auf all das, was nicht 'deutsch-national' ist; es kommt 'von außen' und bedrängt das 'Innen'. Daß diese Einschätzung nicht nur aus einer nationalsozialistischen Gruppe kam, sondern auch aus anderen Kreisen der Bevölkerung, beweist folgendes Zitat, das von einem Pfarrer stammt und damit gerade einer bürgerlichen Schicht eine größere Identifikationshilfe bot:

> Denn die Vorliebe des Publikums für die leichte Operette, die Bevorzugung des Erotisch-Sexuellen im Spielplan, die Überwucherung der deutschen Bühnen mit Erzeugnissen französischer Geilheit zeigte den ganzen Tiefstand der Bühne unserer Zeit und ihres Publikums an. Wenn viele ernste Stimmen von Kritikern und führenden Dramaturgen, Professoren und anderen Freunden des Volkes sich dagegen erhoben, (...) so hat die gemeinsame Entrüstung des vom Ausland bedrückten Volkes in allen Kreisen sich wenigstens dazu erhoben, mit einem Federstrich die französischen Stücke vom Spielplan zu streichen. Der sittliche Trieb der Nation ist erwacht. (...) Und deutsch empfinden heißt rein empfinden, wahr und treu empfinden, sittlich empfinden (124).

Die Angriffe auf die sexuellen Darstellungen im Stück kamen hauptsächlich von seiten der politischen Reaktion, mit einer überraschenden Ausnahme: Die Kritik der "Roten Fahne" 'verriß' das Stück eben auf Grund seiner sexuellen Thematik, weil sie aus dem Beobachtungsreservoir des "Klassengegners" stamme und von dessen 'Dekadenz' zeuge:

> Die "Pioniere in Ingolstadt" der jugendlichen Autorin Marieluise Fleißer sind "Fleisch und Blut" gewordene Kindheitserinnerungen einer Herrschaftstochter, die in der elterlichen Küche oftmals den Soldatenschatz der Köchin Anna sah, viel und lüstern fragte und willig Antworten erhielt. Also die erotische Romantik bourgeoiser Dekadenz? Richtig! (125)

Hintergrund einer jeden Kritik war die Tatsache, daß eine Lockerung der Sexualmoral während der Zwanziger Jahre zugenommen hatte - ebenfalls eine Folgeerscheinung des Ersten Weltkrieges, der die engen moralischen Wertsysteme und Normierungen der wilhelminischen Ära aufgelöst hatte. Vor allem die völkischnationalen Kräfte jener Zeit begaben sich nun daran, aus dem 'Chaos' eine festgefügte Ordnung zu machen, auf dem sicheren Weg zum Faschismus.

Über die Umstrukturierung des moralischen Wertsystems während und nach dem Ersten Weltkrieg liest man z.B. in der "Sittengeschichte" Magnus Hirschfelds:

> Aber langsam begannen doch die Schreier über das "schrankenlose Sichausleben der modernen Frau" zu verstummen. Hier entstand für den Mann der alten Anschauung und Gewöhnung ein ihm unheimlich anmutendes Problem. Nicht Gatte der Unterworfenen, der Unterwürfigen, nicht flüchtiger Besucher der Fremden oder Käufer einer gegen Geld gebotenen "Liebesstunde", sondern Geschlechtsgenosse einer frei und nach Neigung, ja nach Lust über sich verfügenden Frau zu sein, das erforderte eine im tiefsten notwendige Umstellung des Mannes (126).

Diese idealistisch formulierte Wandlung der Frauenrolle wird in der Gegenüberstellung einer Realitätsbeschreibung, die Siegfried Kracauer in seinem Buch "Die Angestellten" gibt, relativiert. Er kritisiert die Auswirkungen einer veralteten Moral auf die vom kapitalistischen System propagierten Lebensformen - Beweis dafür, daß sich die Wandlung eines moralischen Systems weitaus schwerfälliger vollzieht als die Veränderung der materiellen Basis:

> Ererbte Moralbegriffe, religiöse Vorstellungen, Aberglaube und überlieferte Weisheit aus dürftigen Stuben - das alles treibt mit und wirft sich unzeitgemäß der herrschenden Lebenspraxis entgegen. Man sollte diese Unterströmungen nicht vergessen. Wo sie vorhanden sind, dort kommt es zu schwierigen Kämpfen einzelner mit der Umwelt. Die heute übliche sexuelle Freizügigkeit etwa macht gerade in den unteren Angestelltenkreisen genug jungen Leuten zu schaffen (127).

Neben den Angriffen auf die freizügige Darstellung sexueller Beziehungen durch eine Frau lag eine besondere Gewichtung auf der Art der Darstellung des Militärs. Diese Seite der Kritik spiegelte die Auseinandersetzungen zwischen Befürwortern des Pazifismus einerseits und Bevölkerungsgruppen andererseits wieder, die einer soldatischen Tradition anhingen und daran interessiert waren, daß Deutschland recht bald wieder eine funktionsfähige Armee stellen konnte. Die Vertreter der zuletzt genannten Gruppe glaubten in "Pioniere in Ingolstadt" eine Herabsetzung des soldatischen Mannes zu erkennen. Marieluise Fleißers Einschätzung, daß "man sich wohl daran gestoßen hat, daß ausgerechnet eine Frau über Soldaten spricht" (128), wird durch folgende Kritik bestätigt:

> Ein Volksstück ist geplant, ein Soldatenstück - von einer Frau, die erstens keinen Funken von Instinkt für wirkliches Volkswesen hat und überdies als Frau bei einem Thema wie diesem fehl am Platze ist. Die Welt des Militärs, der richtigen Männer, ist eine sehr ordentliche, anständige Welt - auch wenn es dort sehr wenig literarisch und dafür etwas derb und animalisch zugeht. Es ist eine Welt für Männer, gestaltbar nur durch Männer - einer Frau unzugänglich, eben weil es die Welt ohne Weiblichkeit ist. Die Verfasserin, die den üblichen ohnmächtig literarischen Haß der Schwachen auf dieses Reich der Kraft hat, versucht trotzdem, diesem maskulinen Bezirk beizukommen (129).

"Literarischer Haß" als Ohnmacht der "Schwachen" gegen die 'Vitalität des soldatischen Körpers'. Das Militär wird hier zum Paradigma der 'Stärke eines Landes', gestützt durch 'männliche Kraft' und 'Gesinnungstreue'. Wie aus diesem Heeres-Kult eine Kultur-Ideologie wuchs, die eine 'künstlerische' Literatur verfemte, beschreibt Theweleit in den "Männerphantasien":

Man sieht, "Kultur" funktioniert als ein wirklicher Kernbegriff des Männlichen, der in einem Wort die gesamten Traditionen des Soldatischen zusammenfaßt. Der Ehren- und Normenkodex der Armee, ihre gesellschaftlichen Konventionen in der Kaserne, im Kino, im Manöver, auf dem Schlachtfeld, im Theaterparkett, auf dem Kommandeursempfang, im Café und im Bordell sind in dem Begriff bündig enthalten, Kultur: Das hohe Ansehen, das deutsche "Kultur" im Inland genießt, entspringt der Verehrung von Männerherrschaft und Militarismus. Es ist wirklich kein Widerspruch, daß alle die, die das freie Denken und Schaffen hassen, verfolgen, mit Berufsverbot, Emigration oder Tod bestrafen, es im Namen der deutschen Kultur tun können, die sie lieben und verehren; wer den Unterschied zwischen Oberleutnant, Major und Hauptmann kennt, gehört zu ihr - wer Uniform und Tod nicht liebt, ist ein Barbar - "höchstes" Fest der Kultur ist der Krieg (130).

Zu dem Komplex Militarismus entspann sich eine öffentliche Diskussion zwischen Walter Benjamin und Hans Kafka in der "Literarischen Welt". Benjamin führte seine Kritik-Notizen zur Berliner Aufführung der "Pioniere" nicht weiter aus, denn in der Zwischenzeit war in der "Literarischen Welt" eine Kritik von Hans Kafka erschienen,

> die sowohl auf Marieluise Fleißers Stück einging als auch auf eine von Piscator besorgte Inszenierung der "Rivalen", eine von Carl Zuckmayer vorgenommene Bearbeitung des Stückes "What price glory" von Maxwell Anderson und Laurence Stalling (131).

In seiner Kritik äußerte sich Kafka mit Besorgnis über die wachsende Bedeutung des Soldatischen als dramatisches Sujet.

> Was ist denn los? Warum kommen mit einem Male so viele Soldaten auf die Bühne? Das Junge, das Gesunde, das Vitale - gut. Sind den Dramatikern auf der Suche danach die Militärs plötzlich eingefallen? Mit "Mann ist Mann" von Brecht fing es an. Da sind sie nun, die verfluchten Kerls aus dem Volke, die mit den Eisenmuskeln und den akrobatischen Gelenken, die mutigen Naturburschen, - Sauflust, Freßlust und Lust des Fleisches: o wie verschwenderisch ist die Natur! (132)

Er warf den Verfassern jener Stücke, die zum Teil "Marxisten und Pazifisten" (133) waren, vor, daß sie eben dieser Ideologie in keiner Weise Rechnung trügen, indem sie den "Prototyp" des Soldaten auf die Bühne brächten. Er löste die dargestellten Figuren aus dem Handlungszusammenhang und verband das bloße Auftreten eines Soldaten zugleich auch mit dessen 'Beruf', dem Töten. Dem Publikum unterstellte er Identifikation nach aristotelischem Muster, auch die parodierte Form der Darstellung würde es davor nicht bewahren:

> Um so weniger, als es sonst von jenem Militarismus nur so blitzt, der durch den Zauber der Uniformen und Marschmusiken auch in skeptischen Gemütern entzündet wird. Schon bayrische Militärmärsche wirken auf jeden Fall, auch wenn sie noch so parodistisch gewollt sind (134).

Walter Benjamin urteilte kontrovers darüber; er sah in den besprochenen Stücken eine Entwicklung, einen "politischen Fortschritt" (135). Während seiner Meinung nach die Stücke der Vorkriegszeit nur "Chargen" (136) auf die Bühne gebracht hätten, die dem Zuschauer lediglich die Alternative zwischen Identifikation oder Ablehnung ließen, glaubte er, in den neuen Stücken einen analytischen Ansatz des Militarismusproblems erkannt zu haben.

Er argumentierte dabei ganz im Sinne Brechts: "Wir haben die ersten Versuche vor uns, die kollektiven Kräfte zu zeigen, die in der uniformierten Masse erzeugt werden und mit denen die Auftraggeber der Heeresmacht rechnen" (137).

Benjamin verlangte das "politische Raisonnement" (138), während er Kafka den Vorwurf machte, lediglich moralisch zu argumentieren. Aus Benjamins Haltung geht deutlich dessen politisches Engagement hervor, innerhalb dessen er die Frage der Gewaltanwendung differenziert: Wem nützt Gewalt? Die Antwort war für Benjamin abhängig vom jeweiligen politischen Standpunkt. Eine allgemeingültige Moral konnte es dabei für ihn nicht geben in einem Klassenstaat, in dem die Formel der 'menschlichen Ethik' den Machthabern zugute kam, die dadurch versuchten, eine 'Klassenmoral' zu verschleiern.

Das sind in groben Zügen die Hintergründe des Berliner Skandals, der zunächst einmal schnell wieder verebbte. Nach den Drohungen des Polizeivizepräsidenten Weiss, das Stück zu verbieten, überlegten sich die Verantwortlichen, wie sie ein solches Verbot umgehen könnten. Der Theaterleiter Aufricht fürchtete zwar nicht direkt ein Verbot, sondern "einen künstlerischen Mißerfolg" (139). Brecht war der einzige, den man nicht öffentlich angreifen konnte. Er verhielt sich souverän, denn er stand für die Öffentlichkeit in keinem unmittelbaren Zusammenhang mit der Inszenierung - und doch hatte er sein gewünschtes Experiment gemacht. Wie wenig er sich als Betroffener zu den Folgen des Skandals verhielt, beweist folgendes Zitat von Aufricht:

> Am nächsten Morgen weckte mich Brecht. "Sie sind jetzt in einem tiefen Loch, zehn Klafter tief in der Erde. Ziehen Sie sich heraus und kommen Sie in das Theater. Wir treffen uns mit der Fleißer" (140).

Bei diesem Treffen verhielt sich Brecht ganz als Regisseur, der in der Inszenierung Anweisungen gibt:

> "Die Fleißer", sagte Brecht, "ist eine Frau und spricht schüchtern. Sie wird sich entschuldigen, es hat Verschiedenes bei der Aufführung nicht geklappt, und sie sei beunruhigt, ob Herrn Dr. Kerr etwas aufgefallen wäre" (141).

Auf diesem Wege erfuhren sie, daß der gefürchtete Kritiker das Stück positiv rezensiert hatte. Aufricht berichtet weiter:

> Wir waren obenauf. Wir setzten uns zusammen und überlegten Striche. Weltanschauliches war nicht zu verteidigen und mit einem Verbot keinem geholfen. Ich rief Weiß (sic) an und informierte ihn: die Umarmung auf dem Friedhof findet hinter einem Grabhügel hatt, die Defloration in der Kiste fällt weg, es wird nur von ihr gesprochen, und beim Strafexerzieren ist der Tritt in den Hintern und der darauffolgende Satz gestrichen. Weiß war zufrieden. Wir hatten während der Aufführungen keinen Skandal mehr. Kerrs Kritik ließ mich die "Pioniere" mit einem Gewinn abschließen (142).

Das Stück wurde in der gestrichenen Fassung noch 42 mal gespielt. Marieluise Fleißer beschreibt die Rezeption dieser gestrichenen Fassung so:

> Es gab ein Kuriosum, dass die Kritiker zur zweiten Aufführung nochmal eingeladen wurden, die Kritiken waren wegen der Osterfeiertage noch nicht erschienen, und sie kamen tatsächlich alle nochmal. Einer hat mir dann gesagt, er hätte das Stück nach dem zweiten Ansehn schlechter besprochen, aber seine Kritik war schon geschrieben (143).

Die Regie wurde in fast allen Kritiken positiv bewertet, quasi als 'rettendes Element' einer ansonsten langweiligen Geschichte. Neue Stilelemente in der Regieführung wurden jedoch nicht betont.

Besonders gelobt wurde das Bühnenbild Caspar Nehers, dem auch Ernst Josef Aufricht seine Anerkennung ausspricht. Seine Beschreibung stimmt mit den meisten Kritiken der Zeit überein:

> Die Aufführung von "Pioniere in Ingolstadt" halte ich für meine gelungenste. Caspar Neher, der größte Bühnenbildner meiner Zeit, hatte eine transparente Luft gezaubert, in der eine Brücke entstand, die realistisch von den Pionieren Stück für Stück zusammengesetzt wurde (144).

Was sich in Berlin so rasch wieder beruhigte, sollte in Ingolstadt noch ein heftiges Feuer entfachen: für Marieluise Fleißer auch eine Art "Fegefeuer in Ingolstadt"...

12. DIE INGOLSTÄDTER REAKTIONEN

Die Empörung der Ingolstädter Presse über die Berliner Inszenierung und den damit verbundenen Skandal stützte sich auf die Kolportage der Berliner Rezensionen. Rühle schreibt darüber: "Statt Information wurde vor allem Entrüstung in die Stadt gepumpt und damit die Bevölkerung der Stadt gegen ihre Bürgerin eingestellt" (145).

Die Quellen, die in Ingolstadt 'ausgeschlachtet' wurden, sind zum einen eine als Brief an den Bürgermeister von Ingolstadt verfaßte Rezension von Erik Krünes, die in der "Berliner Illustrierten Nachtausgabe" abgedruckt wurde, und zum anderen eine ironisch abgefaßte Rezension des "Vorwärts", dem Organ der Sozialdemokratischen Partei. Besonders in der zuletzt genannten Kritik wurde das gebrochene Verhältnis des preußischen Berlin zu Bayern angesprochen, in einem spottenden Ton, der durchblicken ließ, daß die Kritiker die Demaskierungen der bayerischen Verhältnisse genossen hatten:

> Das Stück fängt so lustig an, wirklich mit einem Durchzieher in das bayerisch-nationale Großmaul hinein. Wir sehen gleich am Anfang, wie zelotisch verstockt-lüstern und miserabel heuchlerisch dieses bayerische Krähwinkel ist. Man fängt an, sich den Bauch vor Gelächter zu halten ... (146)

Diese Kritik wurde von den Redakteuren des "Ingolstädter Tageblatts", das der SPD nahestand (147), keineswegs geteilt. Gleichgültig welcher Couleur die Zeitungen waren – die Skala reichte von SPD bis NSDAP – die Kritik der Berliner Presse auf das Stück – ob positiv oder negativ – wurde einstimmig als Angriff auf die bayerischen Verhältnisse gewertet. Die Reaktionen der bayerischen Presse verliehen einer – historisch gesehen – alten Zwistigkeit zwischen Bayern und Preußen neuen Ausdruck (148).

Durch die Vormachtstellung der Hauptstadt Berlin – die, aus bayerischer Sicht, mit der preußischen Kultur identifiziert wurde – fühlte sich das Land Bayern in seiner Eigenständigkeit bedroht.

Bayern hatte in der deutsch-österreichischen Auseinandersetzung gegen Preußen gekämpft und wurde erst 1870 dem Deutschen Reich angeschlossen. Im Lauf der Zeit nahm das Reichsland Preußen politisch eine Vormachtstellung ein, so gab es z.B. noch während der Kaiserzeit eine Personalunion von Reichskanzler und Preußischem Ministerpräsidenten.

Die Bayern legten besonderen Wert auf die Pflege ihrer Traditionen und grenzten sich auf Grund dieses Traditions- und Eigenständigkeitsbewußtseins von allen Reichsländern am stärksten gegen Preußen ab (149).

Der Bayer Lion Feuchtwanger beschreibt in seinem Roman "Erfolg" den politischen Konkurrenzkampf zwischen Bayern und dem Reich so:

> Zerfiel nämlich damals Europa in zahlreiche souveräne Einzelstaaten, von denen einer das Deutsche Reich war, so zerfiel dieses Reich wiederum in achtzehn Bundesstaaten. Diese sogenannten Länder, an ihrer Spitze das Land Bayern, wachten, wiewohl sie ihrer wirtschaftlichen Struktur nach längst Provinzen waren, eifersüchtig über ihre Eigenstaatlichkeit. Hatten ihre Tradition, ihre historischen Sentiments, ihre Stammeseigentümlichkei-

ten, ihre Sonderkabinette. Achtzig Minister, 2365 Parlamentarier regierten in Deutschland. Die hochbetitelten Herren der Länderregierungen, diese Staatspräsidenten, Staatsminister, Landtagsabgeordneten, wollten nicht verschwinden oder bestenfalls Provinzialbeamte werden. Sie wollten es nicht wahrhaben, daß ihre Länder zu Provinzen des Reichs herabglitten, sie sträubten sich dagegen, sie redeten, regierten, verwalteten, um ihre staatspolitische Eigenbedeutung zu erweisen. Die bayerischen Minister und Parlamentarier waren in diesem Kampf der Länder gegen das Reich der Führer. Fanden für die Autonomie der Bundesstaaten die saftigsten Worte. Kamen besonders großspurig daher (150).

Der Skandal, den das Stück der Marieluise Fleißer verursacht hatte, bot nun genügend Anlaß, gegen die preußische Politik zu eifern. Die Reichsregierung wurde mit der Sozialdemokratischen Partei identifiziert - und so richteten sich die Angriffe, ausgelöst durch die "Vorwärts"-Rezension, direkt gegen die Regierung. In der "Ingolstädter Zeitung", die die Interessen der Bayerischen Volkspartei vertrat, konnte man lesen:

> Man nehme nun einmal das Regierungsorgan, den "Vorwärts", das Zentralorgan der Sozialdemokratischen Partei Deutschlands, das Organ der amtierenden Minister Müller, Hilferding, Severing, Wissell, (...) in die Hände. (151)

Die konservativen Parteien und deren Presseorgane nutzten den Skandal für ihre Wahlpropaganda gegen die Sozialdemokratische Partei aus.

In der den darauffolgenden Tag erschienenen Ausgabe der oben zitierten Zeitung versuchte man nun, den 'Fall Fleißer' aufzurollen, denn schon einmal war ja der Name der Stadt für den Titel ihres Stückes "Fegefeuer in Ingolstadt" benutzt worden (152).

Der Tenor aller Ingolstädter Zeitungsberichte war die Verwahrung gegen die 'Herabsetzung' Ingolstadts und seiner Bewohner durch eine Frau, der man darüberhinaus als Schriftstellerin auch noch jedwedes Talent absprach. Gelesen hatte man das Stück allerdings nicht.

Und daß es in Berlin zu diesem furiosen Skandal kommen konnte, der Preußen genügend 'Munition' gegen Bayern lieferte, wurde von den bayrischen Zeitungsschreibern als Signal aufgefaßt, die 'preußische Dekadenz' anzugreifen:

> Wenn heute ein kitschig-mistbeetartiges perverses Theaterstück, das Gott und die Welt verspottet, das im Schmutz nur so wühlt, im Neu-Deutschland (lies Berlin) aufgeführt wird, dann schreiben jene Zeitungen, die ihre Mentalität ganz auf die Psyche (lies:) auf das dortige sittlich vollkommen degenerierte Publikum - in Berlin sicherlich ein Großteil der Bevölkerung - um- und eingestellt haben, ihre schwulstigen Phrasen von dem Wert des Stückes, von der sprachlichen Kraft und dramatischer Stärke und leisten so gewissermaßen der Schweinerei auf der Bühne Zutreiberdienste. (...) Also: was die Fleißer in zotiger Phrase den Berliner vorsetzt, wird dort gierig aufgenommen und als Dreckschleuder gegen Bayern benützt ... Das Berlin, das sich als der Kopf deutscher Kulturpflege dünkt, das zentralistische Wasserkopfungeheuer (153).

Vor allem die Nationalsozialisten versuchten, aus dem Skandal ein Politikum zu machen, um dadurch ihren politischen Forderungen Nachdruck zu verleihen:

> Es muß aber erwartet werden, daß unsere bürgerlichen Parteien die Nutzanwendung ziehen und nicht immer mit den Roten, sei es in den Gemeinden oder Parlamenten, Hand in Hand gehen. (...) Dazu kann unser bayer. volksparteilicher Oberbürgermeister den Impuls geben, wenn nicht, bleibt die ganze geräuschvolle Aktion ohne Wirkung und war ein Versuch am ungeeigneten Objekt und das ist in diesem Falle Ingolstadt (154).

Unter diesem Druck konnte eine öffentliche Stellungnahme nicht ausbleiben. Der Oberbürgermeister Gruber reagierte in Form eines öffentlichen Protestes - im Namen des Stadtrats -, der an den "Deutschen Städtetag in Berlin zur Weiterleitung an das Innenministerium, an das Polizeipräsidium und an die Presse" (155) gesandt wurde und folgenden Wortlaut hatte:

> Gegen das gemeine Machwerk der Schriftstellerin Marieluise Fleißer "Pioniere in Ingolstadt", wodurch Ingolstadt und seine Einwohnerschaft und die ehemalige Pioniergarnison aufs schwerste beleidigt und verhöhnt wird, erheben wir feierlichst Protest. Ebenso protestieren wir gegen die weitere Aufführung dieses Schmähstückes, schließlich protestieren wir auch gegen die Art und Weise der Besprechung dieses Fleißer'schen Schandstückes im "Vorwärts" (156).

Dem Protest des Oberbürgermeisters schlossen sich jedoch vorerst nicht alle im Stadtrat vertretenen Fraktionen an, denn der Umstand, daß niemand das Stück gelesen hatte und der Protest sich nur auf kolportierte Zeitungsartikel stützte, erschien jenen Fraktionsmitgliedern im Verhältnis zu den eingeleiteten Maßnahmen nicht angemessen zu sein. Sie wiesen darauf hin, daß "der Regisseur die Dinge in besonderer Weise umgebogen" (157) habe.

Während dieser Zeit saß Marieluise Fleißer im fernen Berlin und mußte beobachten, wie sich die Angriffe ihrer Heimatstadt gegen sie verdichteten. Sie befürchtete, daß ihr die Rückkehr nach Ingolstadt unmöglich gemacht werden könnte - was für sie von existentieller Bedeutung gewesen wäre, wo doch ihr Schreiben so eng mit Ingolstadt verknüpft war. Wie sollte sie nun auf die polemischen Angriffe reagieren, die ganz eindeutig - wie sie es später selber einschätzte - Auswirkungen einer politischen Tendenz waren?

Lion Feuchtwanger riet ihr, "eine Privatklage wegen öffentlicher Beleidigung gegen Oberbürgermeister Gruber" (158) einzureichen. Der sie vertretende Rechtsanwalt wurde der "Justiziar des Schutzverbandes Deutscher Schriftsteller" (159) Dr. Klee. Die Klage wurde jedoch in erster Instanz abgelehnt. Die Begründung, die gegeben wurde, beweist, daß ihr Fall nicht in angemessener Weise behandelt wurde, denn es wurde z.B. kein Sachverständiger hinzugezogen - der Richter sprach sich deutlich für die beklagte Partei aus. In der Urteilsbegründung heißt es:

> Weiterhin war aber der Beschuldigte als Oberbürgermeister der Stadt Ingolstadt nicht nur berechtigt, sondern auch verpflichtet, die in "Pioniere in Ingolstadt" niedergelegten Angriffe auf die von ihm vertretene Stadt in feierlicher und scharfer Form abzuwehren, (...). Eine Beleidigungsabsicht ist, wie bereits ausgeführt, nicht festzustellen (160).

Der Rechtsanwalt Dr. Klee reichte Beschwerde gegen die Abweisung der Klage ein. Darin heißt es - wie auch in seinem späteren Plädoyer vor Gericht -, daß die Erwähnung der Stadt Ingolstadt beliebig sei, das Stück hätte auch den Namen einer anderen Stadt tragen können.

"Nichts im ganzen Stück deutet irgendwie auf Lokalkolorit der Stadt Ingolstadt hin" (161), hieß es in seiner Begründung. Er bestand weiterhin auf der Auslegung, daß man die Angriffe auf ein literarisches Werk nicht von seinem Verfasser trennen könne und die Beleidigungen sich in diesem Fall auch auf die Autorin des Stückes bezögen.

Währenddessen blieb Marieluise Fleißer nicht untätig. Sie verfaßte einen "Offenen Brief" an den Oberbürgermeister, der im "Berliner Tageblatt" und in einem Flugblatt des "Arcadia-Theaterverlages" Anfang 1930 abgedruckt wurde (162). In diesem Brief sprach sie auf die einseitige Manipulation an, als Ursache für die "politische Überreaktion" des Bürgermeisters. Sie hatte das Stück geschrieben, weil sie "in Gottesnamen die Menschen da unten mit ihren tausend Schwierigkeiten" (163) liebe.

Der Brief machte jedoch auf die erhitzten Gemüter in Ingolstadt keinen abkühlenden Eindruck, zu sehr hatte sich der Fall schon zu einer politischen Manifestation der Rechtskräfte ausgeweitet, die den Kampf zwischen Hauptstadt und Provinz schürten.

So kam es im Februar 1931 - nach zahlreichen Vertagungen - zu einem zweiten Gerichtsverfahren, zu dem diesmal ein Sachverständiger, der Schriftsteller Hans José Rehfisch, hinzugezogen wurde. Seine Beurteilung wurde in der Presse folgendermaßen wiedergegeben:

> Er skizzierte dem Gericht den Inhalt der "Pioniere in Ingolstadt" und stellte fest, daß das Drama eine Kritik der Ernüchterung und Versachlichung des Liebeslebens darstellte, die von tiefem, sachlichen Ernst getragen sei (164).

In der 2. Instanz entschied das Gericht, den Oberbürgermeister "wegen Beleidigung zu 30 DM Geldstrafe" (165) zu verurteilen. Das Urteil hatte mehr oder weniger einen Symbolcharakter, denn der Prozeß sei "aus dem Gegensatz der Weltanschauungen" (166) hervorgegangen. "Die Strafe soll der Klägerin Genugtuung verschaffen und ihr zeigen, daß sie in ihrem 'künstlerischen Schaffen ungehemmt bleiben kann'" (167).

Der Prozeß hatte Marieluise Fleißer zwar formal-juristisch rehabilitiert, doch auf die Ressentiments der meisten Ingolstädter hatte er keinen Einfluß.

Die Inszenierung der "Pioniere in Ingolstadt" war wie ein Steinwurf ins Wasser, und die Affäre sollte sich darum ausdehnen, wie konzentrische Kreise es tun. Marieluise Fleißers Lebensweg wurde in andere Bahnen gelenkt und das zu einer Zeit, in der die deutsche Bevölkerung, gewollt oder nicht, bewußt oder unbewußt, einem faschistischen System Tür und Tor öffnete.

13. DIE TRENNUNG VON BERTOLT BRECHT UND SEINEM KREIS

Marieluise Fleißer hatte sich gar nicht vorstellen können, wie allein ein Mensch sein kann, wenn er Kämpfe auszutragen hat. Bislang hatte sich alles recht positiv für sie entwickelt: Sie war mit den Leuten zusammen, die ihr Talent erkannten und sie auf einem Weg mitnahmen, der neu und vielversprechend war - ein revolutionärer Weg, der von veralteten Strukturen des Theaters und 'ausgetretenen' Pfaden der Literatur abwich. Wer da jedoch in der Darstellung seiner künstlerischen Produktion nicht genügend Selbstbewußtsein bewies, blieb rasch auf der Strecke. Hindernisse gab es allerorten, und Marieluise Fleißer stieß sich gleich an dem ersten Hinternis so stark, daß sie ihr Schrittmaß verlor und aus dem Gleichgewicht geriet.

Sie hatte ein extremes Schutzbedürfnis und brauchte Menschen, von denen sie lernen konnte, die sie anleiteten und 'beweglich' machten. So hatte sie sich auch die Beziehung zu Bertolt Brecht gewünscht, doch mußte sie schon bald die Erfahrung machen, daß ein selbstbewußter, genialer Künstler, wie er es war, Selbständigkeit von seinen Mitarbeitern verlangte und auf Grund dieses Anspruches oft nicht bereit war, auf psychische Schwächen anderer einzugehen. In ihrer Beziehung zu Brecht durchlebte sie einen Prozeß der Desillusionierung, in dem auch eine Chance lag, die ihr jedoch erst im Alter bewußt wurde:

> Das waren die Fröste der Freiheit, sie mußte lernen zu frieren. Der Mensch lehnt sich nicht an. Der Mensch läuft auch nicht von einer Aufgabe fort, hat sie ihn einmal berührt. Dort war was im Werden, was man anders gar nicht bekam. So was wirft man nicht weg. Man hat es nicht lieber bequem. (GWIII, S. 120)

Zum damaligen Zeitpunkt war es ein starkes Gefühl, ein Gefühl der Liebe, das sich als Hindernis zwischen Bewußtsein und Realität der Marieluise Fleißer drängte: Wie sollte sie jedoch mit dieser Erkenntnis leben? (168)

Brecht zeigte sich enttäuscht von seiner Mitarbeiterin. Sie hielt dem äußeren Druck nicht stand, dem alle ausgesetzt waren, die mit ihm zusammenarbeiteten. Schon während der Proben zu "Pioniere in Ingolstadt" hatte er diese Erfahrung machen müssen. Marieluise Fleißer war zu den entscheidenden Proben nicht erschienen, weil sie glaubte, den Anforderungen in letzter Konsequenz nicht gewachsen zu sein. Nun ließ er sie allein in dem Krater, den seine Inszenierung gerissen hatte. Brecht zeigte ihr gegenüber keine Reaktion des Mitleids, denn, so sagte er, "man (müsse) sich eine dicke Haut zulegen beim Theater" (GWIII, S. 156).

Marieluise Fleißer ahnte die bevorstehende Trennung von Brecht. Ein Vertrauensverhältnis war gebrochen. Nur noch einmal sollte es zu einem Zusammentreffen der beiden kommen. In einem Anruf forderte Brecht die Fleißer auf, sich ihre Post bei ihm abzuholen. Was sie später über diese Begegnung schrieb, drückt die tiefe Verletztheit aus, die sie empfand. Das bedrückende Gefühl uneingelöster Versprechen lag wie eine Kluft zwischen den beiden und machte eine Aussprache unmöglich.

Daß sie ihn im Stich gelassen hatte, war nicht vorbei, er ließ es sie merken. Und sie hatte ihm auch nichts gesagt über seine gute Regie, es kam ihr nicht einmal zu Bewußtsein, daß sie damit was versäumte, sie war randvoll. Wie Pfänder händigte er ihr die Briefe aus, stand vier Schrit-

> te entfernt und machte sich nichts zu wissen von dem Skandal, der
> ging nur sie an, vorweg schnitt er alles ab. Ungreifbar stand er dort
> und überhaupt nicht berührt, er war ein so großes Tier. (...) Sie schaute
> in eine Pupille voll satanischem Glanz. Was war los? Gönnte er ihr den
> Schaden? Sie wußte nicht, welcher Oberteufel ihn ritt, sie war so erregt,
> kein Wort kam ihr aus, bei dem er einhaken konnte, sie wußte, jetzt
> brauchte er einen Grund, beherrschen wollte sie sich. (...) Sie hatte ihn
> im Stich gelassen, aber die Strafe war auf dem Fuße gefolgt. Er kostete
> es aus. Er hatte die unvergleichlich gute Position, so hoch war er droben,
> sie stand vor ihm so geschunden, er ersparte ihr nichts, sein Blick ließ
> sie nicht aus. Er war ein solcher Dompteur. (GWIII, S. 158)

Ihre Worte haben eine fatalistische Färbung: Das Leiden kommt aus einer mystischen Dimension, der Mensch Bertolt Brecht trägt darin Züge einer mystischen 'Kraft des Bösen', eines 'Satans'. Ihr Empfinden in religiösen Kategorien wird in diesem Moment zu einer ins Fleisch schneidenden Fessel, durch die es ihr unmöglich wird, sich den Problemen rational zu stellen. Sie entwirft ein beinahe gewalttätiges Bild jener Begegnung, das anmutet wie der Kampf zweier Kräfte, in dem der Sieger jedoch schon von vornherein festgelegt ist. Die Wende in diesem Spannungsmoment erfaßt sie spontan: Sie entzieht sich diesem Kampf.

Marieluise Fleißers Wunsch war die gefühlsmäßige Anteilnahme Brechts. Diesen Wunsch empfand sie nicht als Schwäche, sondern als Menschlichkeit, eine Vorstellung von Menschlichkeit, die sich vielleicht auch aus ihrer religiösen Erziehung ableiten läßt: Sie ist ein Gebot der 'Barmherzigkeit'. In dieser Gefühls-Gefangenschaft war sie sehr verletzbar, das mußte sie in jener Situation blitzschnell erkennen, und so kam es zu einer Abwehr, die sie so beschreibt:

> Ein Zorn stieg in ihr hoch, das war kein gewöhnlicher Zorn und der hatte
> Folgen. (...) Sie trug die Haut nicht mehr auf seinen Markt. Das spürt
> einer nur selber, wie lang es geht, wenn es überhaupt geht. Aber wenn
> sie ihm blieb, ging sie drauf. Sie sah es plötzlich ganz nüchtern. Sie sagte
> ihm den Gehorsam auf, ganz bewußt. Sie mußte ohne ihn sein, vielleicht
> nicht leer von ihm sein. Auskommen ohne ihn mußte sie lernen, der Weg
> lief anders ab heut. Sie hatte ihr persönliches Leben und wenn nicht in
> seinem Glanz, dann ohne den Glanz. (GWIII, S. 159)

Aus dieser - wie ich finde großartigen - Einschätzung spricht die Distanz zwischen dem Verarbeiten des Erlebten und der damals empfundenen Situation. Im Alter glaubte Marieluise Fleißer, Brecht verstanden zu haben und versuchte, seine damaligen Ansprüche einzulösen - als junge Frau mußte sie ein Gefühl verdrängen, das sie für den Mann Bertolt Brecht empfand, sie tat es in einer langen, heftigen Krankheit. Dieser Verdrängungsprozeß hatte eine Reihe von Konsequenzen für ihr weiteres Leben und Schaffen als Schriftstellerin.

In Ingolstadt war sie verlobt mit dem Sportschwimmer und Tabakwarenhändler Bepp Haindl (169). Er hoffte auf ihre Rückkehr nach Ingolstadt, denn hartnäckig hatte er die Zeit über auf sie gewartet. Doch Marieluise Fleißer war zu stark herausgerissen aus ihrem gewohnten Lebenszusammenhang. Die vergangenen Jahre, in denen ihr der Zugang zu einer künstlerischen Produktion ermöglicht worden war, hatten ihre Lebenserwartungen entscheidend geprägt. Sie wußte sehr gut, daß Bepp Haindl nicht der Mann sein konnte, den sie sich wünschte, mit dem sie auch auf intellektueller Basis leben könnte, so wie sie es mit Brecht gekonnt hatte. "Sie hatte sich befreit vom Genie. Aber sie konnte nicht zum Nickl zurück, der der ganz andere war" (GWIII, S. 161) sagt sie darüber. Sie löste die Verlobung mit der Begründung, daß es nur allzu schwer sein würde, unter den herrschenden Bedingungen mit ihm in Ingolstadt zu leben, denn dort wartete nur Feindseligkeit auf sie: Alles, was übriggeblieben war von dem Skandal, war die Gewißheit der Ingolstädter, daß eine 'Tochter der Stadt' ihr eigenes Nest beschmutzt hatte. Da konnte sie keine Großstadtanonymität mehr schützen - die Ressentiments der Ingolstädter Bürger ließen sich nur schwer zerstreuen. Selbst ihre Familie hatte unter den Auswirkungen zu leiden.

In einem Brief an Marieluise Fleißer drückte ihr Vater aus, wie sehr er sich mit dem Vorfall identifizierte und darunter litt: "(...) ich hatte es satt unseren Namen fast täglich als ergötzliche Zielscheibe von Hohn, Spott oder Bedauern zu wissen und konnte sorglos dann sein wenn mich die Leute ansahen, wie einen Sünder" (170).

Marieluise Fleißer schrieb in einem autobiographischen Bericht, daß ihr Vater ihr ein Hausverbot erteilt hatte (171). Vielleicht hatte er es in seinem ersten Zorn ausgesprochen, in dem von mir zitierten Brief findet sich jedoch nur eine behutsame Formulierung:

> Wie Du mir mitteilst möchtest Du gerne nach Ingolstadt für eine Zeit; wenn Du nicht bange bist, mir soll es nicht darauf ankommen; aber ich habe Bedenken, ich würde an Deiner Stelle lieber als Zigarrenladnerin in Berlin leben oder sein, wie hier als Dichterin, denn noch oft genug kann ich über Dich abfällige Urteile hören, auch von ins Gesicht spucken und dergleichen, so schnell sind die Wogen noch nicht glatt (...)" (172).

Marieluise Fleißer sollte Ähnliches erleben, wie sie es in ihrem Stück "Fegefeuer in Ingolstadt" beschrieben hatte: sie war nun - wie ihre Figuren Roelle und Olga - eine Ausgestoßene, Fremde, die sich aus dem gesellschaftlichen und kulturellen Zusammenhang ihrer Heimat gelöst hatte; man wertete es als 'Verrat'. Der Status der Künstlerin schützte sie nicht davor.

Marieluise Fleißer kehrte vorerst nicht zurück nach Ingolstadt.

Doch auch in Berlin hatten sich ihre Lebensverhältnisse geändert. Der Kontakt zu Brecht und dessen Kreis war abgebrochen: "(...) und sie fühlt sich schutzlos" (173). Allein wollte sie nicht bleiben. Sehr bald verlobte sie sich mit dem Journalisten und Lyriker Hellmut Draws-Tychsen, der ihr eine Protektion, vor allem gegen Brecht, versprach. Rühle schreibt über ihn: "Draws-Tychsen war Gegensatz und Gegenwelt zu Brecht. (...) Draws-Tychsen, ein enger Freund Paul Scheerbarts, war Lyriker und Dramatiker konservativ-mythischer Prägung" (174).

Diese Verbindung, durch die sie in einen völlig anderen Kreis von Menschen geriet, resultierte sicherlich aus dem noch immer nicht verwundenen Schmerz über Brechts Verhalten. In ihren Notizen schrieb sie unter dem Stichwort: "Situationen": "Mitten im Zorn noch wird sie von einem Mann überrumpelt und weil er sie zur alleinigen Frau haben will, nicht als Schülerin, ist das stärker" (175). In dieser Beschreibung drückt sich der Mangel aus, den sie in der Beziehung zu Brecht zu leiden glaubte, für ihn war sie nicht die "alleinige Frau" (176).

Mit Draws-Tychsen verband sie nun eine enge Liebesbeziehung; er schien ihr alles zu bieten, was Brecht ihr versagt hatte. Doch schon bald hatte sie unter der Exzentrik und Despotie dieses Mannes zu leiden. Auch darüber schreibt sie in ihrer Noitz "Situationen": "(...) es wird eine Hölle, aber sie kann sich ihm nicht entwinden" (177).

Wieder glaubte sie, einer zwanghaften Situation ausgesetzt zu sein, wieder scheiterte eine Liebes-Utopie an einer Realität, in der sie sich als schreibende Frau durchsetzen mußte, selbständig kämpfend, wie Brecht es von ihr verlangt hatte - oder aber in ihrem Selbst unterdrückt wurde, weil ein Mann wie Draws-Tychsen es nicht ertragen konnte, daß sie als Schriftstellerin größeren Erfolg hatte als er selbst. Marieluise Fleißer lebte in einer Zeit, in der jeder Versuch einer Frau, eine eigenständige Künstlerexistenz zu leben, wie eine Gratwanderung anmutete.

Unter diesen gesellschaftlichen Bedingungen war der Kampf um ihre Selbständigkeit nicht ihre Stärke. So verlief sich ihr Weg von einer Situation zur nächsten, beinahe wie ein passives Getriebenwerden.

Kaum kann ich verstehen, warum sie die Tyrannei eines Mannes wie Hellmut Draws-Tychsen so lange ertrug. Eine psychologisierende Beschreibung dieses Phänomens kann ich hier nicht geben (178), ich könnte sie auch kaum beweisen. Mir scheint hier die einzig sinnvolle Möglichkeit zu sein, Fragen zu stellen: Lag es an einem religiösen Leidens-Dogma, das durch die Erziehung tief in Marieluise Fleißer wurzelte? Oder war es ihrer eher passiven Mentalität zuzusprechen, die einen literarischen Ausdruck findet in dem masochistischen Sich-ergeben ihrer Kunstfigur Berta? Führte sie sich selber an männlichen Normen in die Irre? Oder versuchte sie zeitlebens, ein entäußertes Ich mit sich zu vereinen?

Diese Frage scheint mir noch am ehesten in folgender Aussage Marieluise Fleißers beantwortet zu werden:

> Ja, ich fall immer wieder auf diese Typen rein. Die anderen, die interessieren mich ja nicht. Ich falle immer auf gewalttätige Männer herein; ich meine das nicht körperlich, sondern Männer mit großer Durchsetzungskraft (179).

So einfach diese Antwort auch anmuten mag, so birgt sie doch eine tiefe Dimension, die jedoch weniger an Marieluise Fleißers persönlichen Lebenserfahrungen zu messen ist, als vielmehr an den Auswirkungen auf einer öffentlichen Ebene: ihrer schriftstellerischen Arbeit. Wie widersprüchlich sie sich auch in ihrem Leben verhalten haben mag, in ihrem Werk hat sie ihr Bewußtsein darüber zum Ausdruck bringen können. Denn darin thematisiert sie Wünsche und Leiden der Geschlechter, ohne sie nur psychologisieren zu wollen, ohne die gesellschaftliche Dimension auszulassen.

14. HEIRAT STATT EMIGRATION

Die Verbindung mit Hellmut Draws-Tychsen konnte keine Perspektive haben. Die Zeit, in der er sie zwang, nur für ihn, durch ihn zu existieren, die dauernden Demütigungen, wirkten zersetzend auch auf ihre literarische Produktion.

Schon Ende 1932 kehrte sie nach Ingolstadt zurück, weggetrieben aus der Anonymität der Großstadt Berlin, getrennt von ihren früheren Freunden. Doch in ihrer Vaterstadt stieß sie auf die größten Schwierigkeiten:

> Dort wird sie von der nazistischen Bevölkerung zurückgestoßen, ganz allgemein gemieden, in Einzelfällen aus Lokalen verwiesen, wenn sie mit dem früheren Verlobten hingeht. Es besteht ernste Gefahr für sie (180).

Ein Großteil der Ingolstädter Bevölkerung zählte zur Mitgliedschaft der NSDAP oder zu ihren Anhängern. "In dieser Stadt sind siebentausend Mitglieder der Partei, mehr als ein Viertel der Einwohnerschaft, ungerechnet das was noch dranhängt" (181).

Im Zusammenhang mit dem "Pionier"-Skandal reichte die ehemalige Freundschaft mit dem Brecht-Kreis aus, um sie als 'Linke' zu diffamieren.

Auch in ihrem Elternhaus konnte sie nicht ungehemmt leben, denn der Vater hätte sie gerne versorgt gesehen, da seine materielle Situation nicht sehr gut war. So befand Marieluise Fleißer sich mehr denn je in einer Isolation, deren Ursachen sie im Alter sehr wohl einzuschätzen wußte. In einer ironisierenden Form schreibt sie darüber:

> Was bildete sie sich ein, wie hoch war sie droben? Hatte sie es noch nicht gelernt? Sie trug nicht den bewußten Stern, geächtet war sie doch auch und war nicht gewünscht der Freunde wegen, die sie einmal hatte. Die Zeit hatte ihr ein Brandzeichen eingedrückt, das haftete ihr an in der Zeit, das war immer da, man durfte Aergernis nehmen an ihr, da war die Scheu nicht so groß, da traute man sich eben, man brauchte sich ja nicht groß fürchten. Warum mußte sie an sich haben, was einen reizte? Solang man sie nicht einsperrte, musste sie noch froh sein, bei anderen bleibt es verborgen, der politische Scheinwerfer hatte sie erfasst, überscharf (182).

Kaum hatte sie sich aus den Einschränkungen einer persönlichen Beziehung gelöst, wurden ihr die Hindernisse innerhalb eines politischen Systems bewußt, gegen das sie sich nicht zur Wehr zu setzen wußte. Ihre Darstellung vom "Ausgestoßensein" und vom Zwang des "Rudelgesetzes", wie sie sie in "Fegefeuer in Ingolstadt" gegeben hatte, wurde nun für sie zur Realität in einem faschistischen System.

Brecht war bereits 1933 aus Deutschland emigriert, und ihm folgten viele seiner Freunde und Mitarbeiter. Die Emigration hätte auch Marieluise Fleißer eine Möglichkeit geboten, ihre Schriftstellerarbeit fortzusetzen. Doch sie verließ Deutschland nicht: zum einen, weil sie in völliger Isolation lebte, unsicher, eigene Schritte zu unternehmen, zum anderen, weil sie sich nicht von dem Land trennen wollte, das die Wurzeln ihres Schaffens barg und mit dessen Sprache, Sitten und Brauchtum sie so eng verknüpft war, daß diese Voraussetzungen für ihr Schreiben unentbehrlich schienen.

Abermals suchte sie Schutz bei einem Menschen, bei jemandem, der es wagte, sich öffentlich mit ihr zu zeigen: bei ihrem ehemaligen Verlobten, dem Sportschwimmer und Tabakwarenhändler Bepp Haindl. Sie wußte sehr gut, daß er nicht der Mann sein konnte, der ihrem geistigen Niveau entsprach.

Als sie sich zum ersten Mal mit ihm verlobt hatte, war es seine Körperlichkeit, die sie anzog und sein hartnäckiges Werben um sie, das sie gereizt hatte. Später waren es der äußere Druck und die empfundene Not, die sie ihm verband. Aus den Beschreibungen, die sie von Haindl gibt, spricht eine deutliche Vorahnung all dessen, was sie noch durch ihn erleiden sollte:

> Mein Punny, sein Name war Grausam. Grausam, so sah er aus für ein Kind, und ein Kind hatte den Namen für ihn gemacht, Kinder sagen die Wahrheit wie Narren, die unwillkürliche Wahrheit. (...) Wirklich gut gehn kann überhaupt nichts. Es muss aber was gehn, ich kann denen (gemeint sind der Vater und die Stiefmutter - B.S.) nicht auf dem Hals bleiben, mich nicht auflösen in Luft. Ich muss das gerade noch Mögliche tun, mir nicht zu gut dafür sein. Ich muss es ernsthaft versuchen (183).

1935 heiratete sie Bepp Haindl. Da sie befürchtete, daß ihr durch eine Existenz als Ehe- und Geschäftsfrau die Möglichkeit zum Schreiben genommen werden könnte, versprach er ihr, daß sie sich nicht um das Geschäft zu kümmern brauchte. Diese Abmachung basierte auf einem Vertrauensverhältnis, doch schon kurz nach der Eheschließung mußte sie erfahren, daß ihr Mann sich nicht an die getroffenen Vereinbarungen hielt, denn "neben dem Haushalt, den sie allein erledigt - (muß) sie sofort ins Geschäft" (184). Unter den herrschenden politischen Verhältnissen wurde ihr das Schreiben zudem noch erschwert. Noch im selben Jahr "erhält sie Schreibverbot mit der Einschränkung, daß sie sechs kurze Feuilletons im Jahr schreiben darf. Sie hat nicht die Absicht, davon Gebrauch zu machen" (185).

Ihr literarisches Schaffen wurde unterbrochen. Das faschistische System des Nationalsozialismus, die eheliche Bindung und die schwere, stumpfsinnige Arbeit, die sie zu leisten hatte, machten sie nahezu stumm.

Die Möglichkeit eines Menschen, sich durch Schreiben eine Art 'Ventil' zu schaffen, um Konflikte verarbeiten zu können, war ihr verwehrt. Auf die wachsenden psychischen Belastungen reagierte schließlich auch der Körper, sie erlitt einen Nervenzusammenbruch und wurde in eine Kuranstalt eingewiesen; der Arzt warnte Bepp Haindl: "Ihre Frau ist schwer krank" (186).

Sie versuchte nun, wieder künstlerisch zu arbeiten. So schrieb sie über lange Jahre an einem Stück mit historischem Motiv, dem "Karl Stuart". Dieses Stück wurde jedoch nach seiner endgültigen Fertigstellung an keiner Bühne gespielt. In einem späteren Kommentar zum "Karl Stuart" sagte Marieluise Fleißer: "Ich habe das in einer gehobenen Sprache geschrieben. Es ist nicht lebendig wie die anderen Stücke geworden - da ist viel Papier geblieben." (GWI, S. 460) (187)

Der Krieg und der damit verbundene Kriegseinsatz, der sie zwang, noch neben dem Haushalt und dem Geschäft in einer optischen Fabrik zu arbeiten, wo sie sich durch eine anstrengende Präzisionsarbeit ihre Augen nahezu ruinierte, der unverständige Ehemann, mit dem sie sich mehr und mehr auseinanderlebte - das alles waren Lebensumstände, die sich subsumieren lassen unter der Überschrift einer ihrer autobiographischen Erzählungen: "Eine ganz gewöhnliche Vorhölle" (GWIII). Diese Metapher könnte die Jahre beschreiben, die sich bis zum Tode ihres Mannes, 1958, ausdehnten, denn erst da beginnt ein weiterer Lebensabschnitt, die Jahre dazwischen könnte man beinahe als 'missing link' in ihrer Schriftstellerexistenz bezeichnen (188).

15. DIE BEARBEITUNG DER "PIONIERE IN INGOLSTADT". VERSUCH EINER AKTUALISIERUNG

In der zweiten literarischen Schaffens-Phase ihres Lebens brachte Marieluise Fleißer nur einen relativ geringen Teil an neuen Produktionen hervor. Die für ihr Schreiben charakteristischen Beobachtungen der Lebensbedingungen von Menschen ihrer direkten Umgebung werden abgelöst von überwiegend autobiographischen Rückschauen: So beschreibt sie ihre Theatererfahrungen in den zwanziger Jahren und besonders ihre Beziehung zu Bertolt Brecht in der Erzählung "Avantgarde".

Was sie zum Aufarbeiten gerade dieser Verbindung bewegt hat, begründet sie mit dem Hinweis auf ihre isolierte Lebenssituation, die zu einer eigenständigen Erinnerungswelt wurde, in der die Vergangenheit wieder lebendig wurde:

> Die Brecht-Geschichte war das Erste, woran ich mich nach den Jahren der Unterbrechung versuchte; es ist eine Geschichte, aber ich habe mir damit ein Trauma von der Seele geschrieben. - Brecht war schon sechs Jahre tot, ich war allein, ich wollte ihn mir ins Leben zurückrufen und habe ihn im Schreiben sehr nahe an mich herangezogen, es war wie eine Beschwörung ... (GWIII, S. 314)

Marieluise Fleißer tat sich zu jener Zeit schwer mit der Gestaltung neuer Stoffe. Ein Grund dafür mag sein, daß es ihr an einem Kontakt mit Menschen mangelte, doch schwerwiegender scheint die Tatsache zu sein, daß sie ihre Vergangenheit wie eine Last mit sich herumtrug und sich nun - in den Jahren des Alleinseins, des Auf-sich-Konzentrierens - die verdrängten Erlebnisse ins Bewußtsein zurückholen wollte, um nicht krank daran zu werden. Es ist der Versuch, sich mit der Vergangenheit und dem Jetzt-Sein zu arrangieren und noch einen Schritt darüber hinaus zu tun: eine Lebensgeschichte zu analysieren, das eigene Leben durchsichtig zu machen.

Sie wußte im Alter sehr wohl, daß ihr Leben hätte anders verlaufen können; so schreibt sie beispielsweise in einem Brief, in dem sie Auskunft gibt über die skandalauslösende Brecht-Inszenierung der "Pioniere":

> (...) und der frühe Brecht hat ja lieber zuviel gewagt und sich um daraus entstehende Folgen überhaupt nicht gekümmert.
> Darüber wäre kein Wort zu verlieren, leider hat es sich für mein Leben sehr verhängnisvoll ausgewirkt, und ich weiß, dass mein Leben ohne die besonderen Umstände dieser Aufführung einen völlig anderen Verlauf genommen hätte. Dass ich das Gefühl haben musste, der Weg zu ihm sei mir völlig verbaut, das allein empfinde ich als eine entscheidende Schädigung in meiner künstlerischen Entwicklung. Sicherlich hätte mein Weg in die Emigration geführt, aber die Dinge wären klar gewesen und vorausgesetzt, dass ich es überlebt hätte, wäre ich heute ganz wo anders, ich könnte zurückblicken auf ein Werk - während ich heute nicht mehr den langen Atem für eine Lebensleistung habe (189).

Zu Anfang der sechziger Jahre war ihre Einstellung zu ihrer künstlerischen Produktion noch von Resignation erfüllt. Ihre Wiederentdeckung beschränkte sich noch mehr oder weniger auf den regionalen, bayerischen Raum, ein Umstand, den Marieluise Fleißer so erklärt: "Ich habe eine Reihe zum Teil sehr interessanter und positiver Kritiken, aber so wie es aus Bayern herausgeht, tun sich die Leute schwer, weil sie die Sprache in ihrem Tonfall einfach nicht mehr hören" (190).

Die Kritiken, auf die Marieluise Fleißer sich bezog, waren Reaktionen auf einen 1963 im Carl Hanser Verlag erschienenen Band mit Erzählungen. Wie schwer ihr die Arbeit daran gefallen war, beschreibt sie in einem Brief an den Lektor des Hanser Verlages, Dr. Göpfert, der sich sehr für sie einsetzte:

> Ich finde mich einfach nicht mehr in die direkte Gestaltung von Vorgängen hinein, ich schürfe ins Tiefe und fördere allerhand zutage, aber nicht das unmittelbar den abrollenden Augenblick Packende, was ich möchte. Ich weiss nicht, habe ich was verloren und wird mir das jetzt immer so gehn? Eines ist mir völlig klar, die Schwierigkeiten kommen aus meinem Gemüt, aber ich weiss nicht, was ich tun kann, um dem abzuhelfen. Ich fühle mich viel zu lange wie in eine Hölle gesperrt (191).

Noch glaubte sie nicht daran, daß es ihr gelingen würde, ihre Erfahrungen produktiv zu machen, sie in einen gesellschaftlichen Zusammenhang stellen zu können, um sie in einer distanzierten, literarisch verarbeiteten Form einer Öffentlichkeit nutzbar zu machen.

Der Wunsch, ihre Stücke zu bearbeiten, kam nicht unbedingt von Marieluise Fleißer selbst: Sie wurde vielmehr durch andere dazu motiviert. Das Urteil Therese Giehses über Marieluise Fleißer, es sei "schrecklich mit ihr! Immer (wolle) sie alles überarbeiten, weil sie (meine), daß es altmodisch sei" (192), trifft daher meiner Meinung nach erst auf die Zeit zu, in der sie wieder für das Theater entdeckt wurde und den Kontakt zu jungen Dramatikern wie Sperr, Fassbinder und Kroetz hatte, durch deren dramatische Konzeptionen sie die gesellschaftliche Relevanz ihrer Stücke auch für das heutige Gesellschaft erkannte.

Zu der Bearbeitung ihres Stückes "Pioniere in Ingolstadt" wurde sie 1967 von Helene Weigel, der Witwe Brechts und Leiterin des Berliner Ensembles, angeregt, mit der sie in Briefkontakt stand (193).

Immer wieder hatte sie in den Jahren zuvor betont, wie verhaßt ihr das Stück war. Sie sah es als etwas Fremdes an. In einem Brief an einen Mann, der sich für die "Pioniere" interessierte, distanziert sie sich von dem Stück, wie man es von einer 'Jugendsünde' tut:

> Müssen es wirklich die "Pioniere in Ingolstadt" sein, die mir durch ihre ganze Nachgeschichte besonders verleidet sind? Das Stückchen ist ja nur eine Fingerübung und keine geglückte. Normalerweise legt man so was in die Schublade. Hätte ich den Brecht nicht gekannt, wäre es nie gespielt worden. (...) ich selber mag es nicht lesen. (...) Ich hätte mich auf den Stoff nicht einlassen sollen, weil ich viel zu wenig über Soldaten wusste. Aber man macht eben seine Dummheiten, wenn man jung ist (194).

1968 beendete sie die Bearbeitung des Stückes, durch die sie vor allem auch einen Lernprozeß dokumentieren wollte. Rühle faßt Marieluise Fleißers Aussagen über Intention und Konzeption der Bearbeitung in den Anmerkungen zum Stück zusammen:

> Um die Berliner Aufführung war soviel Schreiberei, daß mein Name für immer mit dem Stück verknüpft wurde, ich war auf die "Pioniere in Ingolstadt" abgestempelt. Aus diesem Grunde wollte ich das Stück noch einmal schreiben, und zwar so, wie es eigentlich hätte sein müssen. (GWI, S. 446 f.)

Marieluise Fleißer versuchte, den theoretischen Anforderungen Brechts in der neuen

Fassung gerecht zu werden. Was sie damals nur unter Druck zustande gebracht hatte und was ihr zu vordergründig erschien, wollte sie nun, aus der zeitlichen Distanz, mit Hilfe ihrer Erfahrungen, vertiefen und verdeutlichen; so schreibt sie:

> Ich verstand erst allmählich, was Brecht in den "Pionieren" von mir gewollt hatte und was ich ihm bei meinem ersten Entwurf schuldig geblieben war. Ich versuchte es ihm später noch zu geben, obwohl er damals schon tot war. Der gesellschaftskritische Einfluß Brechts auf mich kommt erst in meiner Bearbeitung von 1968 deutlich heraus. (GWI, S. 447)

Um die gesellschaftskritischen Elemente in ihrer Bedeutung auch für die heutige Gesellschaft herauszuarbeiten, bedurfte es einer Aktualisierung des Stoffes. Das Problem stellte sich, die historischen Konstellationen des Stückes in ihren Strukturen deutlich zu machen, das Verhältnis von gesellschaftlichen Ursachen und Wirkungen zu beschreiben.

Im folgenden will ich nachweisen, wie Marieluise Fleißer versucht hat, die gesellschaftlichen Bedingungen, unter denen ihre Figuren agieren, zu konkretisieren (195). Es kam ihr darauf an, die Figuren in ihren gesellschaftlichen Gebundenheiten darzustellen. Deutlich wird dies besonders an der Figur des Unertl - früher Benke. Über seine soziale Situation ist in der Frühfassung nichts Näheres ausgesagt. Wie ich in der Interpretation der 1929er Fassung schon darzulegen versuchte, kann man in dieser Version nur aus dem Autokauf schließen, daß er zu den wohlhabenden Bürgern Ingolstadts gehören mußte (196). Der "Haushalt Unertl" wird im 2. Bild der Neufassung genauer beschrieben, wodurch zum einen Bertas Arbeitssituation, die extreme Ausbeutung durch Unertl, zum anderen Unertls soziale Stellung und seine daraus resultierenden Ansichten zum Ausdruck kommen. Er betreibt einen Einzelhandel und gehört einer kleinbürgerlichen Schicht an, der eine Aufsteigermentalität zu eigen ist. Unertl glaubt an die Unerschütterlichkeit seines selbständigen Unternehmertums, rechnet sich sogar feste Chancen aus, sein Geschäft zu einem "Großhandel" (GWI, S. 139) auszubauen. Doch versucht er durch dieses Unternehmerbewußtsein in Wahrheit nur, die Auswirkungen seiner Abhängigkeit innerhalb einer kapitalistischen Marktwirtschaft zu verdrängen, in der die großen Unternehmen dem Einzelhandel in zunehmendem Maße die Existenzgrundlage entziehen. Daß Unertl in diesem Wirtschaftssystem nur unter äußersten Mühen konkurrenzfähig ist und genau wie viele andere ehemals Selbständige auch zu einem Lohnabhängigen werden könnte, will er sich nicht bewußt machen. Die Angst vor einem potentiellen gesellschaftlichen Prestigeverlust versucht er durch den Rückzug in einen häuslichen Despotismus zu verbergen - das wird deutlich, wenn er Fabian anherrscht, der versucht, das Opfer Unertls Autoritätssucht, das Dienstmädchen Berta, in Schutz zu nehmen: "Sie kann aus mir keinen Zimmerherrn machen, auf den man nicht aufpaßt. Bei mir daheim will ich nicht pelzen. Ich will meine vier Wänd, wo mich niemand anscheißt. Meine Gewohnheiten leg ich nicht ab". (GWI, S. 138)

Marieluise Fleißer karikiert Unertl, auch noch in der Bearbeitung, vor allem durch bestimmte sprachliche Wendungen, die ihn noch stärker in kleinstädtischem Denken verhaftet scheinen lassen als in der 1929er Fassung. Besonders deutlich wird das in seinen Vorstellungen von einer potentiellen Ehefrau:

> Ich heirate eine Frau, die mich ersetzt in meinem Geschäft, und sonst nicht. (...) Ich stell meine Ansprüch. Ich nimm keine, die nicht von hier fort war, hier war ich selber. Das muß schon eine sein, die mich hebt. Aber die nimmt mich wieder nicht. Warum weiß ich auch nicht. (...) Ich denke da nur an meine dritte gute Verkäuferin, die mir einen Korb gab. Die hat hinausgeschmeckt, die war im Ausland, die kannte sich aus.

> Sie hatte einen gehabt, der ihr aus Amerika schreibt. Mir wäre ja
> Amerika zu weit. Das konnte sie näher haben. Aber nein! (GWI, S. 139)

Hinter Unertls Unbeholfenheit verbirgt sich ein ganz bestimmter Wunsch: Die Erfahrenheit der Frau soll ihm dazu nützlich sein, veraltete Geschäftsmethoden durch moderne zu ersetzen, mit deren Hilfe er versuchen will, sich den Bedingungen des Wirtschaftsmarktes anzupassen.

In der Bearbeitung versuchte Marieluise Fleißer auch, die militärischen Verhältnisse durchsichtiger zu machen. Hatte sie als junge Frau nur ungenaue Vorstellungen von Soldaten (197), so wurden ihre Darstellungen der Soldaten in der Neufassung wesentlich genauer, denn durch Erzählungen ihres Ehemannes und durch eigene Erfahrungen während des Krieges glaubte sie, "mehr über die Psyche des sich eingeengt fühlenden Soldaten erfahren" zu haben (GWI, S. 447).

Was in der 1929er Fassung noch stärker auf die individuelle psychische Deformation des Pioniers Karl reduziert worden war, wird in der 68er Fassung als eine Folge des militärischen Unterdrückungsapparates bewertet. So läßt sie Korl folgende Erklärung für sein unsensibles Verhalten Berta gegenüber geben: "Den ganzen Tag muß ich mich schikanieren lassen, bei den Weibern lasse ich mich aus. Das muß eine einsehen." (GWI, S. 167)

Marieluise Fleißer wollte in ihrer Bearbeitung weniger die Grundzüge eines militärischen Systems kritisieren, als vielmehr dessen Auswirkungen auf die Soldaten. Es scheint, als schrecke sie vor eindeutigen politischen Äußerungen zurück, wenn sie dazu erklärt: "Das Stück behandelt die kleinen Soldaten und will kein Stück gegen das Militär sein, sondern gegen Mißstände beim Militär" (198).

Auffallend an der Bearbeitung ist, daß Marieluise Fleißer die tragenden Aussagen über das Funktionieren einer militärischen Hierarchie einem ranghöheren Soldaten, dem Feldwebel, in den Mund legt. Er ist derjenige, der selbst nur schikaniert, weil er von oben gedrückt wird. Er entlarvt so die Machtverhältnisse, dessen Opfer er selber ist:

> Ich kann das von hier aus nicht sehn. Weil wir alle Arschlöcher sind,
> jawoll, und weil der Druck nach unten geht. (GWI, S. 146) (...) Ich
> fühle meine Ohnmacht, auch wenn ich sie zudecke mit Schikanen. (GWI,
> S. 147) (...) Mich kostet es meine Beförderung, das ist der Gang. Man
> hat mich zum Schuldigen gemacht, das ist der Gang. In solchen Fällen
> wird der General zum Stier, und der Major ein Stier, und der Hauptmann
> wird ein noch größerer Stier. Je mehr nach unten, desto reißender der
> Zorn, und desto mehr wirkt es sich aus. Der Druck geht nach unten.
> (GWI, S. 148)

Durch diese Aussage wird ein gesellschaftlich praktiziertes Gewaltverhältnis deutlich gemacht, nach dem ein Unterdrückter sich immer noch ein Opfer sucht, an dem er seine erlittenen Demütigungen abzureagieren versucht (199).

Vor einen gesellschaftlichen Hintergrund stellt Marieluise Fleißer auch die Figur des Fabian, der nun nicht mehr, wie in der früheren Fassung, aus persönlichen Motiven in einen Konkurrenzkampf mit den Pionieren tritt, sondern als Angehöriger einer bestimmten gesellschaftlichen Gruppe.

Er ist Mitglied eines Männerturnvereins, dessen Mitglieder allesamt weniger Ressentiments gegen die Pioniere hegen, als vielmehr gegenüber der Stadt, die es für nötiger erachtet, das so begehrte Holz für den Brückenbau zu verwenden, als es dem Verein für einen neuen Badesteg zur Verfügung zu stellen. So sagt einer der Vereinsbrüder: "Der Verein hat hinten und vorn nichts. (...) Der Verein hat schon viermal bei der Stadt einen Vorstoß gemacht für einen Steg. Auf dem Ohr hört die Stadt nicht. (GWI, S. 141) Die Vereinsmitglieder greifen schließlich zur Selbsthilfe, und so wird der Holzdiebstahl als Ausgleich einer sozialen Ungerechtigkeit gerechtfertigt (200).

Die Rivalität zwischen den Pionieren und Fabian wird durch dessen Vereinszugehörigkeit deutlicher in einen gesellschaftlichen Zusammenhang gestellt. Fabian handelt also nicht nur aus eigenem Interesse, sondern auch im Interesse des Vereins.

Die Ressentiments der Soldaten gegenüber den Zivilisten - und umgekehrt - werden zu einem Thema des Stückes gemacht, was besonders krass in der Szene zum Ausdruck kommt, in der Fabian von zwei betrunkenen Pionieren überfallen und in eine Tonne gesteckt wird:

> Rosskopf: Wir werden Krieg spielen.
> Münsterer: Und das mußt du freiwillig. In den Krieg schlittern wir
>   immer freiwillig hinein.
> Rosskopf: Gegen den Krieg läßt sich nichts machen.
> Münsterer: Wir werden dir zeigen, wer du im Krieg bist. Zivilist, paß
>   auf. (Sie kippen die Tonne um und stoßen sie.)
>   Wenn der Krieg kommt, dann bist du eine Laus. (GWI, S. 174)

Marieluise Fleißer sagt selber zu dieser Szene, daß "das Ressentiment des Zivilisten gegen jeden Krieg, wo auch immer auf der Welt, und seine Hilflosigkeit im Krieg die Tendenz sein" sollte. (GWI, S. 448)

Die bedeutendste Veränderung in der Bearbeitung erfährt wohl die Figur der Alma. Sie war zwar in der Frühfassung des Stückes erfahrener als Berta, doch scheiterten ihre Versuche, ihre soziale Situation zu verbessern, auch wenn Marieluise Fleißer ihr als Fabians Braut ein 'Happy-End' bereitete. In der neuen Fassung fällt dieser Schluß weg. Alma geht nur noch mit Fabian ins Gebüsch, weil sie den Wunsch hat, einmal bei einem "die erste" (GWI, S. 180) zu sein. Fabian ist wesentlich selbstbewußter auf sein eigenes Interesse bedacht und nimmt die Gelegenheit wahr, ohne daraus gleich ein festes Verhältnis zu machen.

In der Bearbeitung wird Almas soziale Misere von ihr selber decouvriert. Dabei versucht sie, in noch stärkerem Maße aus ihrer Abhängigkeit auszubrechen. Sie weiß, was sie will und daß sie, will sie ihr Ziel erreichen, Geld braucht. So prostituiert sie sich ganz direkt; auf die Annäherung des Feldwebels reagiert sie prompt: "Nicht für deine schönen Augen, wenn du das meinst. Nämlich es gibt eine Kasse, mein Freund. Ich bin ohne Stellung." (GWI, S. 151) (201)

Als sie dann schließlich doch vom Feldwebel um die Bezahlung geprellt wird, da sie in die Geschäftsmethoden der Prostitution nicht eingeweiht ist, besinnt sie sich auf ihre Notsituation: "Was essen müssen ist ja noch keine Schande." (GWI, S.163)

In der Bearbeitung des Stückes sind es Alma und Korl, die sich auf Grund einer gemeinsam empfundenen unerträglichen Situation zusammentun. Beide gestehen sich ihre Enttäuschungen und ihre Wünsche, aus dieser Zwangslage ausbrechen zu wollen. Der Ansatz Almas, einen möglichen Weg aus dieser Situation zu finden, indem sich "alle zusammentun" (GWI, S. 170), wird von Korl verworfen: "Alle zusammen, das gibt es nicht." (ebd.)

In dieser Aussage formuliert auch Marieluise Fleißer ihre Grenze: Sie zeigt die Mißstände in der Gesellschaft auf, jedoch glaubt sie nicht an die Möglichkeit ihrer Überwindung. In dieser Perspektivlosigkeit liegt - ähnlich wie bei Horváth - der Unterschied zu Brecht (202).

Alma verläßt sich auf ihr Gefühl und auf eine unbestimmte Sehnsucht, ihr 'Glück zu machen'. Die Erkenntnis: "Ich habe mich ins Freie gewagt, aber dort war es nicht frei" (GWI, S. 170), vergißt sie schnell wieder, indem sie sich auf ihre Wunschträume zurückzieht:

> Mir träumt immer, daß es mich hebt. Eins und zwei und spring! Ich könnte den ganzen Tag springen. (...) Mir hilft alles voran, daran glaube ich. Und ich geh nach Berlin. Und ich will das Leben, wo es mich herumschmeißt und packt." (GWI, S. 171)

Alma verläßt sich auf ihre Jugend und ihre Vitalität. Sie ignoriert die Abhängigkeiten, in denen sie immer stecken wird, solange sie sich ihren Lebensunterhalt verdienen muß. Marieluise Fleißer charakterisiert Alma so: "Wenn aber Mädchen wie Alma der Ausbeutung zu entschlüpfen glauben, ist dies nur eine Täuschung. Ihr vermeintlicher Ausweg wird sie foppen, er führt sie nur in die Grube hinein" (203).

Karl läßt sich von Bertas Unbeschwertheit mitreißen. Sie kommt ihm in seinen Wünschen entgegen und so gesteht er ihr: "Am liebsten ginge ich mit." (GWI, S. 171) Bertas Liebesansprüche empfindet er dagegen als Fesseln.

Marieluise Fleißer kam es bei dem Versuch, ihr Stück zu aktualisieren, darauf an, das Funktionieren ganz bestimmter Herrschafts- und Unterdrückungsmechanismen aufzuzeigen, die auch noch über einen bestimmten historischen Zeitraum hinaus eine Bedeutung haben. Sie zeichnete deshalb Figuren, "die ständig ihre Verfassung als von politischen, sozialen und wirtschaftlichen Faktoren bedingt vorführen" (204). Marieluise Fleißer sagt darüber selber in ihrer Notiz: "Hier, was ich mir über die 'Pioniere' denke":

> "Pioniere in Ingolstadt" ist ein Stück über die Ausweglosigkeit der kleinen Leute.
> Ausweglos sind die Dienstmädchen, sie können sich nicht gegen die Ausbeutung wehren. Ihr Ausweg zur Menschwerdung hin wäre die Liebe, aber die fängt erst gar nicht richtig an. Sie geraten an die Soldaten, welche selber den ganzen Tag unter Druck stehn und den Druck loszuwerden versuchen, indem sie ihn weitergeben. Ausweglos sind nämlich auch die Soldaten. (...)
> Zwar gibt es diese Dienstmädchen heute nicht mehr. Ausbeutung aber wird immer da sein, denn es werden immer Abhängigkeitsverhältnisse sein (205).

Dabei betont sie jedoch ausdrücklich, daß das Stück im Jahre 1926 spielt: "Also das Jahr 26 muß ich schon lassen, ich sehe auch nicht ein warum nicht. Es gibt Stücke, die kann man immer spielen, die sind trotzdem aktuell" (206).

17. VERGLEICH DER STÜCKFASSUNGEN VON 1929 UND 1968

Ich will noch einmal die grundlegenden Aussagen des Stückes zusammenfassen, die für beide Fassungen Gültigkeit haben:

An den Figuren des Stückes wird eine primäre Bindung des Menschen demonstriert: Er ist in die Welt gesetzt worden mit einem triebhaften Körper, mit einem sexuellen Körper. In einem gesellschaftlichen Ganzen jedoch wird dieses Körper-Sein eingeschränkt. Das freie Ausleben des Körpers ist in einer hierarchisierten Gesellschaft, wie Marieluise Fleißer sie beschreibt, nicht möglich, ohne daß es sich in ein stark eigenzentriertes Verhalten verwandelt, wie man es besonders an den männlichen Figuren des Stückes beobachten kann.

Die Annäherung der Geschlechter, die zunächst einmal lustvoll sein kann, ist nicht zu trennen von der verschiedenartigen Sozialisation des Mannes und der Frau. Dieser Prozeß der gesellschaftlichen Eingliederung wird bei den Fleißerschen Figuren besonders deutlich: Waren es in ihrem Erstlingswerk "Fegefeuer in Ingolstadt" noch interfamiliäre Mechanismen, durch die die Jugendlichen in einen Zwiespalt von tradierten Werten und deren Auflösung gerieten, in der sie orientierungslos zurückblieben und jede Form der Loslösung mit qualvollen Repressalien geahndet wurde, so sind es in den "Pionieren" darüberhinaus institutionelle Zwänge, militärischer Drill und Gehorsam, die den einzelnen zur Anpassung an ein hierarchisches System und dessen Ordnung zu zwingen scheinen.

Auf den Aspekt des gesellschaftlichen Eingebundenseins legte Marieluise Fleißer in ihrer Bearbeitung einen besonderen Akzent. Wäre es vielleicht übertrieben, sie aus diesem Grunde eine - wenn auch späte - Brecht-Schülerin zu bezeichnen, so sagte sie doch selber von ihrer Bearbeitung, daß darin "der gesellschaftskritische Einfluß Brechts" (GWI, S. 447) auf sie zum Ausdruck kommt.

In ihrer Bearbeitung des Stückes führt sie beinahe Typen vor, Figuren, die wenig flexibel sind, festgelegt in ihrem Handeln und die nicht einmal mehr in der Lage sind, sich dem anderen lustvoll zu öffnen, ihn teilhaben zu lassen an der eigenen Lust, ohne ihn gleichzeitig mit bestimmtem Normenverhalten oder mit einer Art moralischer Erpressung einzuschränken.

Die Erweiterung der Bearbeitung um das Vorführen von Menschen in einem militärischen Apparat, wie Marieluise Fleißer es versucht, ist jedoch nicht gleichzusetzen mit einer Analyse desselben. Figuren wie der Pionier Korl und der Feldwebel sollen ihre Situation durchschauen, so scheint es; was sie jedoch von sich geben, ist nicht viel mehr als die allgemein bekannte Sentenz vom Druck-der-immer-nach-untengeht. Sprachlich gestaltet Marieluise Fleißer gerade die Aussagen über das Funktionieren des Militärapparates so, als sprächen die Figuren ihre Erkenntnisse aus-wendig, als wären sie ihnen angehängt worden. Dies steht ganz im Gegensatz zu Sätzen aus dem "Fegefeuer"-Stück, in dem das Auswendiggelernte bewußt von der Autorin als Mittel eingesetzt wurde, um die Figuren in ihrer Entwurzelung und Entfremdung verstehen zu können. Die 1929er Fassung der "Pioniere" kennt solche 'Spruchband'-Sätze, wie sie in der Bearbeitung von Korl und dem Feldwebel gesprochen werden, nicht. Dort spielt sich der Feldwebel noch als Machthaber auf, ohne seine Schwäche einzugestehen, noch dazu vor einem Zivilisten. Auch Korl ist widersprüchlicher und daher interessanter in seiner Selbsteinschätzung: Er versucht, sein brutales Verhalten gegenüber Frauen in eine Art Mystizismus zu verkehren und verleiht sich dadurch scheinbar selbst eine 'tiefere' Dimension, die an eine

Aufwertung der eigenen Person wie bei Roelle im "Fegefeuer" erinnert. Viel genauer beobachtet als in der Frühfassung sind die Familienbeziehungen. Obwohl Marieluise Fleißer in ihrer Bearbeitung versucht, eine Figur wie Unertl in einen gesellschaftlichen Zusammenhang zu stellen, in dem er als Abhängiger eines kapitalistischen Wirtschaftssystems dargestellt wird, sind die Beschreibungen der Abhängigkeiten nicht nur über die Figur gestülpt, sondern machen sie interessanter.

In der Bearbeitung des Stückes wird eine Schwäche in der Darstellung einer bestimmten Problematik deutlich, derer sich Marieluise Fleißer bewußt war: Sie kannte das Militär von keiner Innenansicht, so wie sie die kleinbürgerliche Familie kannte. Ihre Beschreibung des Militärs ähnelt daher mehr einer Betrachterperspektive, in der sie zwar ein grobes Ganzes erfaßt, jedoch nicht die Feinstruktur.

In der Darstellung des zentralen Themas - der Liebe und der "Menschwerdung", wie sie es selber nennt - hat Marieluise Fleißer in ihrer Bearbeitung versucht, genauer und eindeutiger Konsequenzen aufzuzeigen, die aus dem Handeln der Figuren resultieren. Sie führt das Scheitern von Liebesutopien vor, die - gemessen an der Realität - als bloße Illusionen entlarvt werden. Es wird aufgezeigt, welch unterschiedliche Inhalte einen Begriff wie 'Liebe' füllen können aus der Sicht der beiden Geschlechter.

Es wird sichtbar, daß es sich bei diesem Begriff um "astronomische Weiten zwischen Mann und Frau" (207) handelt. Von ihren weiblichen Protagonisten sagt Marieluise Fleißer: "Ihr Ausweg zur Menschwerdung hin wäre die Liebe, aber sie fängt erst gar nicht richtig an" (208). Der utopische Gehalt dieser Aussage wird schon im Nebensatz eingeschränkt, in letzter Konsequenz sogar verneint. Die "Menschwerdung" ist unter den herrschenden gesellschaftlichen Bedingungen und Konstellationen nicht zu realisieren, bleibt daher eine nicht in die Lebenspraxis umzusetzende Idee.

Jeder Versuch, den die beiden Protagonistinnen unternehmen, ihre 'Liebe' zu leben, scheitert nicht zuletzt auch daran, daß keine von beiden diesem Wort einen klar definierten Inhalt zu geben vermag. Sie erfahren die Unterjochung durch das Geschlecht, weil sie in der Gesellschaft, in der sie leben, auf die Geschlechtlichkeit reduziert werden. Ihre soziale Abhängigkeit als Dienstmädchen, in der sie beinahe wie Sklaven gehalten werden, macht es ihnen unmöglich, eine Utopie dagegen zu setzen, deren Weg nicht nur gangbar wäre, sondern sie wirklich "aus der Grube"(209) herausführte. So ist es Bertas Wunsch, daß "der Mensch bei einem Menschen ist" (GWI, S. 199), und sie glaubt, daß es "etwas mit dem Herzen ist" (ebd.).

Warum sich ihre Wünsche nicht erfüllen, vermag sie nicht zu durchschauen. In der 1929er Fassung verhält Berta sich noch durchgehend wie ein Opfertier, dessen Qualen in eine Leidensbereitschaft pervertiert werden.

In der 1968er Bearbeitung hingegen leistet sie, wenn auch nur rhetorisch, einen gewissen Widerstand. So erwidert sie auf Karls Vorwurf, sie wolle ihn "verklären": "Gar nicht. Ich werde dich schon nicht verklären. Dich muß man schimpfen." (GWI, S. 136)

In der Bearbeitung des Stückes wird Berta nicht als 'naives Mädchen' zurückgelassen, das immer weiter in Unwissenheit leben wird. Sie hat sich entwickelt, wenn auch in einem tragischen Sinn, denn ihre Wünsche werden nicht eingelöst. Berta läßt sich nicht durch Karls Worte vertrösten, der selber ein Angepaßter in einem unmenschlichen System geworden ist und sie einen Mechanismus des Vergessens lehren will: "Das mußt du abschneiden, Berta. Einfach abschneiden. Andere müssen es auch." (GWI, S. 182) Bertas Antwort darauf ist: "Aber so kann ich nicht leben." (GWI, S. 182) Sie hat einen Desillusionierungsprozeß durchlebt und am Ende bleibt ihr der Zweifel an ihrer Anpassungsfähigkeit. Sie will sich nicht anpassen an eine Gesellschaft, in der kein Raum ist für ihre Idee von Liebe, nur: Sie kann diese Idee kaum formulieren.

Marieluise Fleißer hat die Figur der Berta durch eigene Lebenserfahrungen lebendig gemacht: Auch ihre Idee von Liebe konnte kaum in eine Lebenspraxis umgewandelt werden. Und wenn sie Karl das letzte Wort im Abschiedsgespräch mit Berta gibt: "Du wirst müssen" (GWI, S. 183), so resümiert sie darin ihre eigenen Erfahrungen. Es scheinen Lebensgesetze zu sein, die sich hinter diesem "müssen" verbergen. Und daß gerade Frauen sich immer wieder diesem "Muß", das eine erstarrte, festgelegte Ordnung kennzeichnet, unterwerfen, trifft auf viele ihrer Frauengestalten zu. Berta ähnelt darin dem Mädchen in Marieluise Fleißers Erzählung "Der Apfel". Auch dort beschreibt sie ein schüchternes Mädchen, das genau wie Berta von der Bereitschaft besessen ist, sich nur an einen bestimmten Mann binden zu wollen: "An ihn war sie verloren, es konnte gar kein anderer sein." (GWIII, S. 19)

Ähnliche Erfahrungen wie Berta macht auch die Erzählerin in der "Moritat vom Institutsfräulein". Sie bindet sich mit ihren Gefühlen an einen Mann, der darauf reagiert wie Karl auf Bertas Liebesbereitschaft: "Ich soll ihn nicht immer so lieben, schrie er mich an, ihn macht das noch rasend." (GWIII, S. 36) Wenn Marieluise Fleißer die Erzählerin der Geschichte sagen läßt: "Da waren wir miteinander ein Wesen aus Leiden und Tun, und Tun war seines und Leiden war meines" (GWIII, S. 36), so drückt sich darin die Passiv-Aktiv-Bindung zwischen Mann und Frau aus, wie sie auch für Berta und Karl charakteristisch ist, und die auf einem lange tradierten Rollenschema basiert.

Sowohl den "Pionieren" als auch den meisten ihrer Erzählungen liegt eine gemeinsame Ausgangssituation zugrunde. Marieluise Fleißer beschreibt darin immer wieder den langsamen Prozeß der Realitätsaneignung der Figuren, das Orientieren in einer fremden Welt: Naives Wünschen kollidiert darin mit einer gesellschaftlichen Realität, in der die Figuren gebunden sind, sich nicht zurechtfinden, sich anpassen oder aber zu Außenseitern gemacht werden, von einem "Rudel" gesellschaftlicher Normenerfüller verfolgt. Es sind Marieluise Fleißers eigene Lebenserfahrungen, aus denen sich dieses Bild zusammensetzt. Liest man in ihrer Erzählung "Ein Pfund Orangen" folgenden Satz: "Bloß sie war die unselbständige Person und mußte immer wen hinter sich haben" (GWIII, S. 66), so denkt man an ihre Beziehung zu Männern, in denen sie sich entweder überfordert fühlte - wie im Falle Brechts -, oder aber unterdrückt wurde - wie z.B. von Draws-Tychsen -, immer jedoch mit dem Wunsch, sich auf diese Männer stützen zu können. Marieluise Fleißers Liebes-Utopien scheiterten immer wieder an einer Realität, in der Naivität sich als ein Hindernis erweist.

"Denn sie war und blieb ein großes Kind" (GWIII, S. 66), heißt es in der Erzählung "Ein Pfund Orangen" - eine Erkenntnis, die gleichsam ein Bekenntnis der jungen Marieluise Fleißer sein könnte. Die frühe Fassung der "Pioniere in Ingolstadt" gibt darüber noch Auskunft: Vor allem die weiblichen Figuren sind von einer großen Naivität und Marieluise Fleißer deckt die Strukturen, die dem Handeln zugrunde liegen, noch nicht eindeutig auf. In der Bearbeitung hingegen spürt man die zeitliche Distanz fast eines halben Jahrhunderts, eines Menschenlebens, in dem Marieluise Fleißer gelernt hat, Gefühle zu reflektieren, Ideen auf ihren Wirlichkeitsgehalt zu prüfen. Im Vergleich der beiden Fassungen muß man zwischen dem Erkenntnisgehalt, dem Sichtbarmachen von strukturellen gesellschaftlichen Zusammenhängen und dem formalen, stilistischen Gestaltungsprinzip unterscheiden. Mag die Bearbeitung des Stückes auch in den von mir kritisierten Grundzügen manchmal hinter die Frühfassung zurückfallen, so darf man sie doch nicht losgelöst betrachten von dem Lebensweg der Marieluise Fleißer, der - ähnlich wie derjenige Bertas - ein Weg der Desillusionierung war mit dem Ergebnis eines hohen Maßes an Realitätserkenntnis, was sich in ihrem literarischen Werk so großartig dokumentiert.

17. DIE REZEPTION DER BEARBEITUNG DER "PIONIERE IN INGOLSTADT" IN DEN SIEBZIGER JAHREN

Am 1. März 1970 fand die Uraufführung des bearbeiteten Stückes am Residenztheater München unter der Regie von Niels-Peter Rudolph statt.
Die Aufführung war kein großer Erfolg: Regisseur und Autorin wurden ausgebuht. Diesmal jedoch nicht aus denselben Gründen wie 1929 in Berlin, wo das Stück durch seine Aktualität die Reaktionen einer politischen Rechten provoziert hatte, sondern aus den gegenteiligen Gründen: Man hielt die Problematik des Stückes für überholt. So urteilten zumindest einige Kritiker, wie z.B. Joachim Kaiser, der den Nachweis zu erbringen versuchte, daß "die sozialen Voraussetzungen" der Komödie "sich so radikal geändert (hätten), daß es scheint, als wäre das Stück von der Droste oder von der Sappho" (210).

Botho Strauß rezensierte das Stück differenzierter, vor allem auf den Vorwurf Kaisers, daß "von der Ausbeutung irgendwelcher Dienstmädchen oder abhängiger Hilfskräfte (...) heute - ein Blick in den Anzeigenteil jeder Tageszeitung genügt - so direkt gewiß nicht mehr die Rede sein" (211) könne, antwortete er mit einer politischen Argumentation:

> Es scheint, als ob in diesen Sätzen die reaktionäre Interpretation der "sozialen Voraussetzungen" und ihrer Veränderung unmittelbar zusammenhängen mit einem grundlegenden Mißverständnis dessen, was an dem auf dem Theater Gezeigten "aktuell" zu sein habe. Ästhetisch reaktionär ist daran die Zumutung, auf dem Theater müßten zumindest die sozialen Verhältnisse mit jenen, die der Rezensent um sich herum erlebt oder durchschaut, komparabel sein. Wäre es an dem, müßte sich niemand um einen anspruchsvolleren Begriff von geschichtlicher Erfahrung, als er zur Zeit dem Theater abverlangt wird, bemühen. Was aber ist tatsächlich komparabel zwischen Theater und tagtäglichem Leben? Kaum die demonstrierten Sachverhalte, wohl eher deren Ideologien, welche diese nachweislich überdauern (212).

Am Beispiel dieser Auseinandersetzung läßt sich eine Tendenz ablesen, die Ende der sechziger Jahre die Theaterdiskussion bestimmte.

Es zeichnete sich zu jener Zeit eine Hinwendung nicht zu einer anderen Thematik ab als vielmehr zu einer anderen Form, einer anderen Gestaltung des Problems der Ideologieproduktion und ihrer Auswirkungen auf eine kleinbürgerliche Bevölkerungsschicht. Sichtbar gemacht werden sollte diese Problematik an Hand von Figuren gerade dieser kleinbürgerlichen Schicht; der 'Alltag des kleinen Mannes' sollte auf die Bühne gebracht werden, um an ihm exemplarisch das Funktionieren von Herrschaftsstrukturen in einer bürgerlichen Gesellschaft zu demonstrieren. Nicht zuletzt sind solche Forderungen auf eine Umstrukturierung der bundesrepublikanischen Gesellschaft zu Ende der sechziger Jahre zurückzuführen.

Friedhelm Roth erklärt die Hinwendung des Theaters zu einem 'neuen Volksstück', zu dessen Vorläufern er Horváth und die Fleißer, zu den zeitgenössischen Vertretern Sperr und Kroetz zählt, ebenfalls aus der politischen Situation der ausgehenden sechziger Jahre:

> Die Rehabilitierung kleinbürgerlicher Themen auf der Bühne und die Wiederentdeckung der Volksstücke Marieluise Fleißers und Ödön von Horváths

datieren nicht zufällig aus der Zeit zwischen 1966 und 1968. Das Aufbrechen innenpolitischer Konflikte durch die Studentenbewegung und den sich verschärfenden Rechtsradikalismus führte zu einer Politisierung auch der Schauspielbetriebe (213).

Der Versuch einiger engagierter Theaterleute, eine Entwicklung des etablierten Theaterbetriebes einzuleiten, ist demnach als ein Versuch zu werten, an die Wurzeln des politischen Geschehens zu langen und die alltägliche bundesdeutsche Wirklichkeit auf die Bühne zu bringen. Das Theater sollte dadurch wieder in einen gesellschaftlichen Zusammenhang gestellt werden, "eine Reaktion auf die Legitimationskrise des esoterischen Betriebs der Renommier-Theater" (214).

In seinem Aufsatz "Zurück zu den Kleinbürgern. Zur Situation der deutschen Dramatik am Beispiel von vier Uraufführungen" aus dem Jahre 1967 geht Henning Rischbieter auf die Tendenzwende am Theater ein. Die Wandlung des Interesses am dramatischen Personal beschreibt er darin an Hand von Heinar Kipphardts Stück "Die Nacht, in der der Chef geschlachtet wurde", in dem der Autor eine Figur aus dem Kleinbürgertum zum Mittelpunkt macht. Rischbieter stellt Kipphardts Wandlung seiner früheren Intention gegenüber:

> Vor drei Jahren noch, in einer Diskussion mit Martin Walser, erklärte Kipphardt die Figur des kleinen Mannes für nicht theaterfähig, er plädierte für die Darstellung "großer" Figuren, großer historisch-politischer Konflikte auf dem Theater (215).

Am Ende seines Aufsatzes fragt Rischbieter, gleichsam prognostizierend: "Wird die neue Spielzeit 1967/68 im Zeichen der beiden Jungen (Handke und Sperr - B.S.) stehen, im Zeichen ihrer neuen Stücke?" (216)

Was Rischbieter als Kennzeichen der neuen Dramatik nennt, nämlich "das sprachkritische Programm, die Entlarvung der Alltagssprache" (217), stellt einen Schwerpunkt des Interesses dar, das man auch der Bearbeitung der "Pioniere" entgegenbrachte. Die Darstellung des Problems, wie wenig die Menschen in der Lage sind, sich durch eine Sprache auszudrücken, die ihnen wirklich zu eigen ist und ihre Lebensverhältnisse nicht verschleiert, wird in diesem Stück durch die "Ausstellung" der Figuren in ihrer gesellschaftlichen Gebundenheit betrieben (218). Auffallend dabei ist das Phänomen, daß beinahe alle Dramatiker, die als Vertreter eines neuen, kritischen Realismus gelten, aus dem süddeutschen Raum stammen. Auf die Frage, wie Marieluise Fleißer dieses Phänomen einordne, nämlich daß "die bayerisch gefärbte Sprache salonfähig geworden" (219) sei, antwortete sie:

> Die bayerische Sprache in ihrer kraftvollen Vitalität ist eine Gegenbewegung gegen die intellektuelle Zuspitzung und manchmal Spiegelfechterei, welche in den zurückliegenden Jahren in Mode kam und die sich erschöpft hat (220).

Was Marieluise Fleißers sprachliche Gestaltung von den bayerischen Volksstücken im Stile des "Komödienstadels" unterscheidet, ist, daß sie ihre Figuren keinen reinen Dialekt sprechen läßt, sondern auf eine äußerst karge Sprache reduziert, die beinahe stilisiert ist. Dabei versucht sie, ähnlich wie Horváth, die soziale Gebundenheit von Sprache deutlich zu machen: Die Figuren verschleiern sich selber ihre Situation, je häufiger sie versuchen, eine Hochsprache zu benutzen (221).

Diese Form der Sprachkritik versuchte vor allem Franz Xaver Kroetz aufzugreifen. Er schätzt an der Fleißerschen Sprache besonders die Genauigkeit der Zustandsbeschreibung. In den Anfängen seiner dramatischen Produktion wollte er auch nichts anderes leisten, als gesellschaftliche Zustände auf die Bühne zu bringen, in denen es Herrschende und Beherrschte gibt, wobei letztere gerade durch ihren Sprachgebrauch in der Unterdrücktenposition verbleiben müssen. Warum er gerade die Fleißersche Sprache als vorbildlich für seine Stücke ansieht, beschreibt er so:

> Brutalität wird sichtbar gemacht durch den Ausstellungscharakter der Fleißerschen Sprache. Mit Brecht hat diese Sprache nichts zu tun. Haben die Proletarier Brechts immer einen Sprachfundus zur Verfügung, der ihnen de facto nicht zugestanden wird von den Herrschenden, also als Fiktion einer utopischen Zukunft verstanden werden muß, so kleben die Figuren der Fleißer an einer Sprache, die ihnen nichts nützt, weil sie nicht die ihre ist.
> Weil Brechts Figuren so sprachgewandt sind, ist in seinen Stücken der Weg zur positiven Utopie, zur Revolution gangbar. Hätten die Arbeiter bei Siemens das Sprachniveau der Arbeiter Brechts, hätten wir eine revolutionäre Situation. Es ist die Ehrlichkeit der Fleißer, die ihre Figuren sprach- und perspektivlos bleiben läßt (222).

Hier liegt die Problematik, die zugleich allen Argumentationen gemein ist, die sich auf den ideologiekritischen Gehalt der Sprache des neuen Volksstücks berufen: Die Frage, warum es gerade der süddeutsche Raum ist, dessen sprachlichem Reservoire diese Stücke entnommen sind, bleibt unbeantwortet. Einzig Marieluise Fleißers Erklärung gäbe darauf - in negativem Sinn - eine Antwort, denn die These, ihre Figuren zeichneten sich durch eine Spracharmut aus, könnte durch ihre Antwort auf die Frage, warum sie sich "einer mundartlich gefärbten Sprache als besonders realitätsbezogener Sprache" (223) bediene, widerlegt werden, in der es heißt: "Die Mundart halte ich für die am meisten schöpferische Sprache des Menschen. Und zwar ist sie unbewußt schöpferisch und ungesucht" (224).

Bestärken ließe sich diese Argumentation mit dem Hinweis darauf, daß gerade der Dialekt ein reichhaltiges Repertoire von Gefühlsbeschreibungen birgt, Beschreibungen, die eine Hochsprache kaum zu leisten vermag (225). Gerade diese Tatsache schließt die Möglichkeit aus, es als reine Zufälligkeit zu bewerten, daß die Autoren der neuen Volksstücke aus Süddeutschland stammen. Betrachtet man beispielsweise die Stücke der Marieluise Fleißer und Horváths, so entdeckt man in ihnen immer wieder das Problem der Konfrontation zweier Sprachniveaus, von denen die eine die andere beherrscht - das Resultat gesellschaftlicher Machtverhältnisse. Es ist der Kampf von Hochsprache und Dialekt. Die 'einfachen Leute' versuchen, sich die Hochsprache anzueignen, um dadurch ihre gesellschaftliche Position aufzuwerten. Da sie jedoch dieses Sprachinstrument nur mangelhaft beherrschen, scheitert der Versuch, sich dadurch auszudrücken. Je weiter sie sich von ihrer 'eigenen' Sprache entfernen, desto unmöglicher wird eine Kommunikation (226). Diese Problematik wird besonders da deutlich, wo noch ein weitgehend eigenständiger Dialekt existiert, der jedoch mehr und mehr zersetzt wird durch die Sprachklischees einer Hochsprache. Dieses Phänomen versucht auch Kroetz zu beschreiben, wenn er die Sprache der Fleißerschen Figuren als eine "geliehene" (227) Sprache bezeichnet und sie so beschreibt:

> Die Figuren ihrer Stücke sprechen eine Sprache, die sie nicht sprechen können, und - was wichtiger ist - sie sind so weit beschädigt, daß sie die Sprache, die sie sprechen könnten, nicht mehr sprechen wollen, weil sie eben teilhaben wollen am "Fortschritt" - und sei es nur, indem sie blöde Floskeln unverstanden nachplappern. (Etwa dann, wenn die ausgepowerte, erledigte Stadtnutte Alma von sich als einer "mondainen Frau" spricht.) (228)

Diese Interpretation ist sehr klar in ihrem Ansatz, doch wurde die Volksstückrenaissance zu Beginn der siebziger Jahre - gerade von einem marxistischen Standpunkt aus - problematisiert. Ein Beispiel dafür ist Friedhelm Roth, der in seinem Aufsatz "Volkstümlichkeit und Realismus?"(229) auf die Gefahren eines Mißverständnisses der Gattung Volksstück hinweist.

Er stellt verschiedene Definitionen des Gattungsbegriffes vor und vergleicht an Hand der erarbeiteten Kriterien die Stücke Horváths und Fleißers "Pioniere". Beiden Autoren weist er nach, daß sie zwar "den unhistorischen Begriff einer homogenen mittelständischen Masse widerlegen" (230), jedoch "die gesellschaftlichen Verhältnisse auf eine Situation äußerer Naturbedingungen (...) reduzieren und damit als unveränderbar" (231) ausgeben. Roths Kritik, vor allem an den neuen Volksstückautoren wie Kroetz, formuliert die Gefahr der "isolierten Sprachkritik" (232). Er plädiert - ganz im Brechtschen Sinne - nicht nur für das bloße Abbilden einer gesellschaftlichen Realität, sondern darüber hinaus für das Aufzeigen ihrer Veränderbarkeit. So glaubt er gerade in den Kroetzschen Stücken eine "Exotik des sozialen Milieus (...) mit mundartlichem Lokalkolorit" (233) zu entdecken. In seinen Stücken vermißt er etwas, das man als 'historische Perspektive' bezeichnen könnte, denn ohne diesen Gehalt seien die Stücke, seiner Meinung nach, eine reine Modeerscheinung, eine bürgerliche Variante der bürgerlichen Dramatik. So resümiert er:

> Ins Zentrum dieser Methode führt der Gesichtspunkt vom Volk als leidender Klasse. Die Aufmerksamkeit der Dramatiker von Faßbinder (sic) bis Kroetz gilt dem Kleinbürger als ohnmächtigem Opfer sozialer Zwänge. (...) Der sprachkritische Ansatz ist jedoch nicht Ausdruck einer materialistischen, sondern einer bürgerlichen Korrektur. Er vermag in Verbindung mit der der Provinzdramatik impliziten Randgruppenstrategie von den realen Klassenverhältnissen abzulenken und einen reformistischen Ausweg aus der dargestellten Zwangslage zu begründen (234).

An dieser Kontroverse wird die Diskrepanz von Theorie und Praxis deutlich: Der Dramatiker Kroetz sieht seine Aufgabe darin, lebendige Menschen auf die Bühne zu bringen, mit all ihren Widersprüchen. Das ist es auch, was er an Marieluise Fleißers "Pionieren" schätzt. Gerade Kroetz' spätere Stücke, die immer deutlicher von seinem Parteistandpunkt geprägt sind, beweisen, daß das allzu eindeutige Aufzeigen möglicher Handlungsstrategien nicht immer zu dramatischer Qualität beiträgt. Dieser Problematik ist er sich heute wieder in stärkerem Maße bewußt, wenn er darauf hinweist, daß er die Wirklichkeit der Menschen auf eine sehr differenzierte Weise darzustellen versucht. Dabei richtet sich sein Blick auf das Individuum mit all seinen Leiden und Widersprüchen; so antwortet er in einem Interview auf die Frage, warum er "nur einen schmalen gesellschaftlichen Ausschnitt (zeige), meist eine Familie aus der Nahperspektive" (235):

> Nur, mich interessieren mehr und mehr meine eigenen biographieimmanenten, existentiellen Ruinen, die ich versuche, als gesellschaftliche Phänomene zu begreifen und darzustellen. Insofern schreibe ich mehr wie Handke. (...) Theater hat auch seine Gesetze. Theater besteht aus Leiden, Schmerzen, Töten, Leben, Tränen; es besteht aus diesem ganzen, dummen, großen menschlichen Leiden (236).

An dieser Aussage läßt sich ein Wandel von der Formulierung einer gesellschaftlichen Utopie hin zu einer - in gewisser Weise - psychologischen, existentiellen Gestaltungsweise erkennen, bei der die Situation von Menschen so wie sie ist und nicht wie sie sein könnte geschildert wird. Es geht dabei jedoch nicht darum, Einzelschicksale zu beschreiben, sondern das Leben der Menschen in ihrer gesellschaftlichen Komplexität.

1971 inszenierte Rainer Werner Fassbinder in Bremen die "Pioniere in Ingolstadt". Er hatte schon Anfang 1968 eine eigene Version des Stückes unter dem Titel "Zum Beispiel Ingolstadt" mit seinem "Action-Theater" herausgebracht, denn damals wollte Marieluise Fleißer die Einwilligung für die Aufführung des Stückes nicht geben, da sie zu diesem Zeitpunkt selber an der Bearbeitung schrieb. Diese Fassbinder-Version lag auch der Bremer Inszenierung zugrunde. Darin machte er den Versuch, das Stück zeitlich zu transponieren: in die Gegenwart. Was Fassbinder an dem Stück interessierte, ist in dem Programmzettel der Münchener Aufführung von "Zum Beispiel Ingolstadt" zu lesen:

> "Zum Beispiel Ingolstadt" ist eine frei montierte szenische Reflexion über die Denkwelt der Bürger nach dem Muster der erfahrenen Wirklichkeit Marieluise Fleißers.
> Die Textneufassung ist der Diktion der Vorlage angepaßt.
> In den assoziativen Mitteln verläßt die Inszenierung historische, philologische und dramaturgische Postulate zugunsten der Demonstration komplexer Vorgänge: die Logik - verfangen in der Sackgasse von Nebensachen - und übersprungene Zusammenhänge, das Denken nicht in Begriffen, sondern in Bildern, das Reden nicht als Formereignis, sondern als Wiederholungsmechanismus angewöhnter Ausdrucksmuster (237).

Fassbinder verfilmte darüber hinaus die "Pioniere", der Film wurde im Mai 1971, nach der Aufführung des Stückes in Bremen, im ZDF ausgestrahlt.

Marieluise Fleißer stand der Fassbinder-Version selber kritisch gegenüber. In einem Brief an Kroetz, der Marieluise Fleißer um Rat fragte, da auch er mit einer Fassbinder-Verfilmung seines Stückes "Wildwechsel" nicht einverstanden war, gibt sie ihm folgende Auskunft:

> Seine Bearbeitung lag auch der Fernsehinszenierung zugrunde.
> Der Fernsehfilm wurde nicht nur in Deutschland, er wurde und wird, wie ich höre, verschiedentlich auch im Ausland gezeigt, in Festivals und an Universitäten. Das Publikum identifiziert mich damit und gewinnt von mir einen Eindruck, der nicht stimmt. Ich halte die Bearbeitung und Inszenierung für oberflächlich und manchmal kitschig (238).

Alle weiteren Inszenierungen des Stückes in den siebziger Jahren (239) konnten "nicht den zwingenden Beweis erbringen, daß die Szenen vom Leben der Soldaten und Dienstmädchen in den zwanziger Jahren mehr als eine literarische Ausgrabung darstellen" (240).

Die Tendenz der Rezeption zu Ende der siebziger Jahre beweist, daß die Regisseure sich mehr und mehr auf eine psychologische Interpretation des Stückes stützen (241). Dieser Interpretationsansatz böte eine Möglichkeit, wenn man das Leiden der Figuren nicht aus einer individualpsychologischen Perspektive betrachtet, sondern - im Kroetzschen Sinne - als "gesellschaftliche Phänomene" (242) zu begreifen versucht. Denn - und hier möchte ich mich dem Urteil von Kässens und Töteberg anschließen - "das Stück bleibt so lange aktuell, wie unsere Gesellschaft strukturelle Ähnlichkeiten mit der Sozialordnung der Weimarer Republik aufweist" (243).

ANMERKUNGEN

1 Ihr älterer Bruder stirbt mit zwei Jahren an der Englischen Krankheit. "Die Mutter kann sich vor Schmerz über seinen Tod nicht fassen. Der Vater vertröstet sie: 'Sei still, ich mache dir wieder einen Buben.' Das wird dann die Fleißer." Marieluise Fleißer wurde 1901 geboren. In: Günther Rühle (Hg.): Materialien zum Leben und Schreiben der Marieluise Fleißer (Frankfurt a.M., 1973), S. 411.

2 Auf einem Foto aus dem Nachlaß kann man Marieluise Fleißer als kleines Mädchen in einem Pagenkostüm sehen. Frau Gültig, ihre jüngere Schwester "Ella", erzählte mir, daß ihre Schwester einen großen Hang zum Theaterspielen hatte. So veranstaltete sie z.B. Puppentheateraufführungen, die von den Kindern der ganzen Straße besucht wurden. Sie spielte Märchen nach oder Phantasiegeschichten und muß damit die Kinder sehr begeistert haben. Ähnliche Schilderungen findet man auch in dem von Marie-Luise Könneker herausgegebenen Buch: Mädchenjahre. Ihre Geschichte in Bildern und Texten (Darmstadt und Neuwied 1978).

3 Vgl. Marieluise Fleißers Erzählung "Der Venusberg" (GWIII, S. 251-269). Diese Geschichte schrieb sie 1966 als "Auftragsarbeit für den Donau-Kurier Ingolstadt zur Eröffnung des neuen Ingolstädter Stadttheaters." (GWIII, S. 316, Anmerkung von Rühle). Sie gibt darin ihre Erinnerung an das "alte, intime (...) Theater" (ebd.) wieder und legt dabei auch einen besonderen Akzent auf die Beschreibung ihres Vaters, zu dessen Vorliebe der Theaterbesuch zählte. Der Stellenwert des Mediums Theater für Kinder und Jugendliche der bürgerlichen Schicht zu damaliger Zeit war ein anderer als heute. Der Theaterbesuch war es in vielen Fällen, der den jungen Menschen die ersten gesellschaftlichen Erfahrungen außerhalb der Familie ermöglichte und zugleich auch die Sehnsüchte, die immer über die bürgerlichen Schranken hinausführten, begünstigte.

4 Die Beschreibung und Aufarbeitung dieser extrem unterdrückenden Erziehung findet sich häufig in ihren autobiographisch geprägten Werken, besonders in ihrem Roman "Eine Zierde für den Verein" (GWII).

5 Fleißer in Mat., S. 413.

6 ebd.

7 ebd.

8 Sie beschreibt diesen Mann in den Erzählungen "Moritat vom Institutsfräulein" und "Der Apfel" (GWIII) und in unveröffentlichten Skizzen (Nachlaß). Alexander Weicker hat sich selber auch in einigen literarischen Versuchen erprobt, über die Marieluise Fleißer sagt, daß sie wenig gelungen seien. Dieses Urteil kann ich aus eigener Anschauung bestätigen. Lange konnte ich mich der Lektüre seines Buches: Fetzen aus der abenteuerlichen Chronika eines Überflüssigen, München 1921, nicht widmen. Wenig spannend beschreibt er darin seine amourösen Abenteuer, die immerhin das ganze Buch füllen!

9 Fleißer in Mat., S. 413. Diese Aussage wirft ein Licht auf die literarischen Strömungen und Auseinandersetzungen mit dem Expressionismus jener Zeit, wobei der Begriff "Neue Sachlichkeit" expressis verbis noch nicht geprägt

war - er kam erst 1924 in Umlauf. In ihrem Bericht "Aus der Augustenstraße" schreibt sie zutreffender: "Aber es komme jetzt eine ganz andere Richtung auf, die sachlich sei und knapp, ..." (GWII, S. 309). Wie entscheidend diese Richtungsweisung für Marieluise Fleißer war und welches Neuland sie damit betrat, wird deutlich, wenn man bedenkt, wie stark der expressionistische Einfluß zu jener Zeit war. Vor allem die Theater wurden durch diese Strömung bestimmt. Einen anschaulichen Bericht darüber gibt z.B. Ludwig Marcuse in seinem Versuch einer Autobiographie: Mein zwanzigstes Jahrhundert (München 1960), S. 69 ff.

10 Fleißer in Mat., S. 413.

11 Mat., S. 152.

12 Arnolt Bronnen: Tage mit Brecht (Darmstadt und Neuwied 1976), S. 59.

13 Nach den später auftretenden Schwierigkeiten im Zusammenhang mit dem "Pionier"-Skandal gibt ihr der Vater immer wieder den Rat, sich doch einen soliden Beruf zu suchen, der sie ernähren kann. Schon vor dem Studium hatte er seine eigenen Vorstellungen über den beruflichen Werdegang seiner Tochter. "Er wollte eine Mittelschullehrerin aus ihr machen, das wollte sie wieder nicht." Fleißer in Mat., S. 415.

14 Wend Kässens/Michael Töteberg: Marieluise Fleißer (München 1979), S. 28.

15 Elisabeth Endres: Verführt von der bösen Avantgarde, in: Die Zeit, 25.Sept. 1964, zit. nach Mat., S. 323-327.

16 Brief vom 7.11.64, Nachlaß. Es handelt sich hier um den Bericht "Frühe Begegnung", den sie für Radio Zürich schrieb. Marieluise Fleißer dazu: "Hier handelt es sich um Beobachtung, bei 'Avantgarde' um ein intuitives Erfassen der Persönlichkeit " (GWII, S. 340).

17 Brief an Oswald Malura vom 15.11.64, Nachlaß.

18 im Sinne von: Brecht drang in sie ein, wie die Kugel bei einem Schuß.

19 Arthur Rimbaud: Poetische Werke. Hrsg. v. Hans Therre und Rainer G. Schmidt. Bd. 1: Prosa. Eine Zeit in der Hölle. Licht-Spuren (München 1979), S. 75.

20 Vgl. auch: Fritz J. Raddatz: Ent-weiblichte Eschatologie. Bertolt Brechts revolutionärer Gegenmythos, in: Bertolt Brecht II (München 1973), S. 154.

21 gebildet im Sinne von: bilden, formen. Vgl. auch S. 13 der Arbeit, insbesondere die Mitte des Textes.

22 Bertolt Brecht: Tagebücher 1920-1922. Autobiographische Aufzeichnungen 1920-1954 (Frankfurt 1978), S. 20.

23 Brecht: Tagebücher, a.a.O., S. 30.

24 ebd., S. 20.

25 Brief an Kristjan Kogerma vom 15.11.68, Nachlaß

26 Bronnen: Tage, a.a.O., S. 27.

27 Brecht: Tagebücher, a.a.O., S. 88.

28 ebd., S. 138, Ausrufezeichen von mir - B.S.

29 Erstausgabe 1930. Gearbeitet wurde mit der Ausgabe: Berlin und Weimar 1973.

30 Hierin liegen auch die stärksten Parallelen zu den Figuren Berta und Korl ihres Stückes "Pioniere in Ingolstadt".

31 Brief an Emmi Böck vom 5.4.64, Nachlaß

32 Aus diesem Grunde empfinde ich die Larmoyanz, mit der manche Frauen versucht haben, Marieluise Fleißer auf ein feministisches Banner zu setzen und die Beziehung Fleißer-Brecht gleichsetzten mit der Beziehung Ausgebeutete-Ausbeuter, als übertrieben. Sie lesen über Widersprüche hinweg, die alles Lebendige ausmachen, wie es ja gerade in Marieluise Fleißers Werk so großartig beschrieben ist. Ähnlicher Auffassung sind auch Kässens und Töteberg. Vgl. dazu: will durch sie durchtauchen wie durch Wasser, in: Theater 1979. Jahrbuch der Zeitschrift Theater heute (Seelze 1979), S. 110 f.

33 Mat., S. 352.

34 Brief an Piontek vom 18.1.64, Nachlaß

35 Interview mit Rainer Wagner, März/April 1973, Nachlaß

36 Vgl. die Cilly Ostermeier in "Avantgarde" und die Frieda Geier in "Eine Zierde für den Verein".

37 Interview mit Rühle, 11. März 1973, Typoskript, Nachlaß

38 Skizzen zu Brecht, Nachlaß

39 In den Arbeitsprotokollen der Elisabeth Hauptmann findet man folgende Notiz: "Schon am 23.3.26 hatte ich übrigens kurz notiert: Brecht findet die Formel für das 'epische Theater': aus dem Gedächtnis spielen (Gesten, Haltungen zitieren), und arbeitet beim Schreiben ganz in dieser Richtung. Er spielt sich die Vorgänge vor. So entstehen die 'Zeigeszenen', wie B. sie nennt." Notizen über Brechts Arbeit 1926, in: Sinn und Form 9, 1957, S.243.

40 Fleißer: Ein Mißverständnis, Nachlaß. Auch abgedruckt in GWI, S. 453-454.

41 Mat., S. 170.

42 Das im Deutschen von Gellert eingeführte Wort 'naiv' ist dem Französischen entnommen, wo es lateinischer Herkunft ist: nativus, in der mittelalterlichen Form naivus, bedeutet angeboren (von nascor, geboren werden). In: A.J. Storfer: Wörter und ihre Schicksale (Berlin, Zürich 1935), S. 255. Jede weitere Definition des Wortes ist mehrdeutig. Es wird sowohl im positiven Sinn, "natürlich", "ungezwungen", als auch im negativen Sinn, "einfältig", "dumm", gebraucht.

43 Friedrich Schiller: Über naive und sentimentalische Dichtung (Stuttgart 1966), S. 3 f. (Hervorhebungen im Text)

44 Fleißer: Antworten zur Situation des Schriftstellers in der Gesellschaft. (Für ein Seminar bei Prof. Göpfert, o.D.), Nachlaß

45 Interview 1953, Nachlaß

46 Brief an Karl Schwedhelm, 28.11.61, Nachlaß

47 undatierte Skizze zu Brecht, Nachlaß

48 Michael Töteberg: Abhängigkeit und Förderung. Marieluise Fleißers Beziehung zu Bertolt Brecht, in: Text und Kritik, Heft 64, Oktober 1979, S. 74.

49 Antworten an Rainer Roth, 21.6./26.6.71, Nachlaß

50 zit. nach Töteberg: Abhängigkeit, a.a.O., S. 75.

51 Brecht besuchte mit Marieluise Fleißer Orte, an die sie als Frau alleine nie kam, so z.B. ein Lokal von Zuhältern und Prostituierten. "Als er an einen angehenden Schauspieler geriet, der junge Huren kannte und ein Lokal wußte, wo sie verkehrten, forderte Brecht ihn auf: 'Fahren Sie mich doch einmal hin, das will ich mir ansehn.' Er wollte eine Begleitung mitnehmen, da rief er mich an: 'Wir fahren in den Norden zu den Huren in ein Lokal, kommen Sie doch da mit, das schadet Ihnen gar nicht, wenn Sie so was kennen.'" Undatierte Skizze zu Brecht, Nachlaß

52 Bertolt Brecht: Schriften zur Literatur und Kunst I, 1920-1932 (Frankfurt a.M. 1967), S. 62 f.

53 "Später legte Brecht sogar ganze Mappen mit Stoffsammlungen an; kaum eines seiner Werke, das nicht 'Fremdes' (Zeitungsartikel, literarische Werke anderer, Historie) aufgreift und es sich unverwechselbar produktiv 'aneignet'. Dies bleibt ein Leben lang eine literarische Produktionsstrategie. Kirsten Boie-Grotz: Brecht - der unbekannte Erzähler. Die Prosa 1913-34, (Stuttgart 1978), S. 49.
Brecht arbeitete mit Hilfe der Entlehnung, einer Methode, die bewußt z.B. von Lautréamont angewandt wurde und danach in programmatischer Form eine Anhängerschaft fand bei den Situationisten. Zwei Vertreter dieser Richtung, Guy-Ernest Debord und Gil J. Wolman, weisen dabei auch auf Brecht hin: "Das literarische und künstlerische Erbe der Menschheit muß insgesamt zu Zwecken einer parteiischen Propaganda benutzt werden. (...) Da die Negation der bürgerlichen Auffassung des Genies und der Kunst weit überholt ist, bietet der Schnurrbart der Mona Lisa keinen interessanteren Aspekt mehr als die erste Version des Bildes. Jetzt muß dieser Prozeß bis zur Negation der Negation weitergeführt werden. Bertolt Brecht, der vor kurzem in einem Interview an die Wochenzeitschrift 'France-Observateur' kundgetan hat, er streiche in den klassischen Theaterstücken Stellen, um ihre Vorführung erzieherisch erfolgreicher zu machen, steht der von uns verlangten revolutionären Konsequenz viel näher als Duchamp."
In: Les Lèvres nues, Nummer 8, Mai 1956, in: Isidore Ducasse (Lautréamont) Poesie (Hamburg 1979).

54 So imaginiert Feuchtwanger in seinem Roman "Erfolg" Brecht als einen Ingenieur in einer großen Autofabrik.

55 zit. nach Töteberg: Abhängigkeit, a.a.O., S. 75.

56 ebd., S. 74.

57 Marieluise Fleißers Vater z.B. heiratete nach dem Tode seiner Frau das junge Dienstmädchen, das ihm den Haushalt führte.

58 Vgl. M. Fleißers Erzählung "Stunde der Magdt" (GWIII)

59 Vgl. dazu das Kapitel 16 dieser Arbeit. In der Bearbeitung des Stückes erreicht Alma die soziale Aufwertung nicht.

60 Emmanuele Meyer: Vom Mädchen zur Frau (Stuttgart 1918), S. 59. Dieses Buch erreichte im Zeitraum von 1912 bis 1918 eine relativ hohe Auflagenzahl und scheint mir daher ein populär-wissenschaftliches Buch repräsentativ zu sein. Von einem völlig anderen Ansatz geht Otto Weininger in seinem Buch "Geschlecht und Charakter" aus. Er spricht einzig und allein der Frau eine aktive Sexualität zu, den Mann stuft er - im Prozeß der Mensch-

werdung - höher ein, da er 'geistig' ist und sich so vom Tier weiter entfernt hat. Sein Buch bot damals Anlaß zu heftigem Widerspruch, so findet man beispielsweise in dem oben erwähnten Erziehungsbuch folgendes Urteil über ihn: "Der Perverse und Selbstmörder Weininger hat das Ungeheuerlichste, Grauenvollste und Gemeinste, das je einem kranken Hirn entsprang, auf die Frau gehäuft." Meyer, a.a.O., S. 33.
Mit bot Weiningers Buch, dessen Publizität sich durch die hohe Auflagenzahl bestätigen läßt - 1903 erschienen und 1925 erreichte es die sechsundzwanzigste Auflage - interessantes Material für die Charakterisierung der Figuren des Stückes aus dem Blickwinkel der Historisierung.

61 Meyer, a.a.O., S. 22. Etwas oberflächlich, weil daraus resultierende Konsequenzen nicht genügend berücksichtigt werden, wird dieser Komplex im Kapitel "Naturfeindlichkeit und Frauenunterdrückung in der christlichen Lehre" behandelt. In: Ilse Kassner und Susanne Lorenz: Trauer muß Aspasia tragen, München 1977, S. 66 ff.

62 Diese These vertritt Moray McGowan: Kette und Schuß. Zur Dramatik der Marieluise Fleißer, in: Text und Kritik, a.a.O., S. 21. Weitaus interessanter wäre in diesem Zusammenhang die Problematik des Massen-Verhaltens, auf dem ein faschistisches System aufbaut. Diese Problematik kommt jedoch in der Bearbeitung des Stückes weit mehr in den Vordergrund, vgl. dazu die Kapitel 15 und 16 dieser Arbeit. Dasselbe Problem behandelt Marieluise Fleißer auch in ihrem Stück "Fegefeuer in Ingolstadt", in dem sie das "Rudelgesetz" und die "Ausgestoßenen" (GWI, S. 437) zum Thema macht.

63 Besonders starken Repressionen war sie in der Beziehung zu Hellmut Draws-Tychsen ausgesetzt, der versuchte, ihre Persönlichkeit zu demontieren und sie sich untertan zu machen. Über dieses widersprüchliche Verhältnis schreibt Töteberg: "Das grenzte an Selbstverachtung, ein masochistisches Verlangen, das auch in einigen Erzählungen spürbar ist." Aus: Ein Mißverständnis, in: Merkur 350, Juli 1977, S. 699. Vgl. dazu auch das Kapitel 13 dieser Arbeit, in dem ich auf ihr Verhältnis zu Draws-Tychsen etwas näher eingehe. 1930 schrieb Marieluise Fleißer in einem Feuilleton: "Wenn ich einen Menschen lieb habe, muß ich ihm jenes vornehme Vorrecht einräumen, mich von ihm verwunden zu lassen ... ." (Berliner Tageblatt, 25.12.30, zit. nach Töteberg, a.a.O., S. 699).

64 Weininger, a.a.O., S. 386 f. (Hervorhebungen im Text). Ich verstehe dieses Zitat als freie Assoziation zum Stück.

65 McGowan, a.a.O., S. 20.

66 Einige Zahlen zum Frauenüberschuß: "In Deutschland lebten 1925 eindreiviertel Millionen Frauen - im Alter von 15-16 Jahren - mehr als Männer, während es 1910 nur eine halbe Million waren. Dieser Überschuß trat in verschiedenen Landesteilen verschieden stark hervor. (...) 1910 fehlte in Bayern für jede achtzehnte Frau der Mann, 1925 fehlte er für jede vierte Frau." Meta Krauss-Fessel: Frauenarbeit und Frauenemanzipation ab 1919, in: Magnus Hirschfeld (Hg.): Zwischen zwei Katastrophen. Sittengeschichte 1918-1933, Hanau am Main 1966, S. 183.
In "Geschichten aus dem Wienerwald" läßt Horváth den Havlitschek sagen: "... schauns, Weiber gibts wie Mist! Ein jeder Krüppel findet ein Weib und sogar die Geschlechtskranken auch!" Ödön von Horváth: Gesammelte Werke, (Frankfurt 1972), Bd. I, S. 195.

67 Herbert Lewandowski: Die Jugend der zwanziger Jahre, in: Hirschfeld, a.a.O. S. 587. Vgl. auch: Charlotte Lorenz: Der Frauenüberschuß im Deutschen Reich, in: Die Frau, 34. Jg. 1926/27, S. 491-493.

68 "In der Provinz werden die Wandlungen der Sexualmoral nicht so deutlich, weil hier der kirchliche Einfluß noch sehr stark war und die Menschen ihre Mitmenschen noch wesentlich nach ihrer 'Moral' beurteilten. Man hält daher in der Provinz den Schein aufrecht, unter der Oberfläche aber vollzogen sich dieselben Wandlungen wie in der Großstadt." Lewandowski, a.a.O., S. 573. Auch in "Fegefeuer in Ingolstadt" behandelt Marieluise Fleißer dieses Problem.

69 "Prof. Dr. Fehling sagte einmal, daß der geschlechtliche Drang des Mädchens geringer sei als der des Mannes, und daß das Vortreten der geschlechtlichen Seite in der Liebe junger Mädchen etwas Krankhaftes sei. Duboc meint hierzu, daß diese schwächere Geschlechtsneigung auf dem Mangel an Vorausempfindung des Geschlechtsgenusses beruhe, als dem Fehlen eines in der Phantasie begriffenen Vorgeschmacks. (...) Duboc folgert daraus, die Keuschheit verstoße beim Weibe nicht so absolut wider das natürliche Empfinden, und die Enthaltsamkeit belaste die Geschlechter ungleich schwer." Heinz Zikel: Das Sexualleben der Frauen, Handbuch der Geschlechtslehre und Gefühlshygiene für Frauen und Erzieher, 25.-31. Auflage (!) (Berlin o.J.), (1918), S. 112 f. In einem anderen Buch findet man folgende Auslegung des Problems: "Sie (die Frau - B.S.) zeigt eine größere Fähigkeit, sexuelle Beglückung von seelischen Werten zu trennen. Damit ist schon gesagt, daß die viel angefochtene 'doppelte Moral' in mancher Beziehung in der Art der Sexualität des Geschlechts begründet ist. Vor allem hat sie heute dadurch eine gewisse Berechtigung, daß die Zahl der 'Frigiden' so sehr groß ist (sie beträgt mindestens sechzig Prozent der Frauen). Ferner hat sie der weiblichen Jugend gegenüber nicht so unrecht. Um eine vorzeitige Schwangerschaft zu verhüten, hat die Natur die orgiastische Fähigkeit des Weibes schwer erweckbar werden lassen, so daß im allgemeinen mit wenigen Ausnahmen eine Frigidität des Mädchens besteht, welche die sexuelle Enthaltsamkeit ungeheuer erleichtert." Ilse Reicke: Frauenbewegung und -Erziehung (München 1921), S. 109 f. Diese biologistischen Erklärungen beweisen, daß Marieluise Fleißer zu jener Zeit eine eher unpopuläre Meinung vertrat.

70 Eduard Fuchs: Sozialgeschichte der Frau (Frankfurt 1973), S. 384. Erstausgabe: Die Frau in der Karikatur, München 1906. (Der vorliegende Nachdruck folgt der erweiterten Auflage von 1928.)

71 Edmund Fischer: Die Dienstbotenfrage, in: Sozialistische Monats-Hefte, (Berlin 1907), XI. Jg. 12. Heft. Zit. nach: Klucsarits / Kürbisch (Hrsg.): Arbeiterinnen kämpfen um ihr Recht (Wuppertal 1977), S. 130.

72 ebd.

73 ebd. Vgl. weiterhin: Anna Mosegaard: Die "unsittlichen" Dienstboten?, in: Klucsarits/Kürbisch (Hrsg.): Arbeiterinnen, a.a.O., S. 97 f.
In dem schon zitierten Werk von Zikel heißt es zu dieser Problematik: "Wie oft geschieht das im täglichen Leben, daß der Sohn des Hauses zur Dienstmagd in brennender Liebe entflammt, wenn beide jung sind und ihre Schlafzimmer nahe beieinander liegen! (Erst kürzlich hörte ich vor einem modernen Reform-Gymnasium ein paar Gymnasiasten sich mit dem Rufe trennen: 'Heut Nacht laßt aber eure Dienstmädel schlafen!'" Zikel, a.a.O., S. 98. In Klaus Theweleits "Männerphantasien", Bd. 1, Frankfurt a.M. 1977, S. 209

liest man: "Daß die Herren der normalen wilhelminischen Bürgerhäuser in der Anstellung, die ein Dienstmädchen bei ihnen nahm, eine Art sexuellen Verfügungsrechts enthalten sahen, daß sie oft ihre Söhne die ersten sexuellen Erfahrungen bei Dienstmädchen machen ließen, ehe die Söhne als für den Bordellbesuch reif erachtet wurden, sind oft betonte und gesicherte Tatbestände. Eine tendenzielle Identität zwischen dem Dienstmädchen und der Prostituierten war damit durch die gesellschaftlichen Verhältnisse von vornherein gegeben." In den "Dienstmädchen"-Geschichten des Roda-Roda ist von einem "Dienstbotenbuch" die Rede, in dem Angaben enthalten waren, die an den Stammbaum eines Hundes denken lassen: "Die Gnädige las aus dem Dienstbotenbuch vor. Erst die Personenbeschreibung: Gesicht rund, Haare braun, Zähne gesund." Roda-Roda: Die Kummerziege, Frankfurt a.M. 1980, S. 52. Wie hoch der Anteil dieser entrechteten Menschen in den zwanziger Jahren noch war, ist nachzulesen in: Anneliese Dittmar: Was sagt uns heute die Statistik über die Lage der Hausangestellten?, in: Die Frau, 34. Jg., 1926/27.

74 "Er versucht, Berta das Tanzen zu lehren, und er ist ihr in einem Wortwechsel sogar einmal überlegen (...)." Töteberg, Die Urfassung, a.a.O., S. 119.

75 Fabian erinnert stark an die Figur des Roelle in "Fegefeuer in Ingolstadt". Auch der ist ein Außenseiter, der unfähig ist, sich mit anderen 'Ausgestoßenen' zu solidarisieren.

76 Hirschfeld, a.a.O., S. 314.

77 Bertolt Brecht: Gesammelte Werke in 20 Bänden (Frankfurt 1973), Bd. 15, S. 150.

78 Gemeint sind "Fegefeuer in Ingolstadt" und "Pioniere in Ingolstadt"

79 Brecht, GW, a.a.O., S. 146 f.

80 Wend Kässens / Michael Töteberg: ... fast schon ein Auftrag von Brecht. Marieluise Fleißers Drama "Pioniere in Ingolstadt", in: Brecht-Jahrbuch 1976, S. 102. Ich gehe hier nicht weiter auf die Theorie des "epischen Dramas" ein, da sie erst später von Brecht vorgelegt wurde und zur Zeit der Entstehung und Aufführung der "Pioniere" nur in Ansätzen existierte.

81 Vgl. dazu Mat., S. 51.

82 Hamburger Fremdenblatt, 29. März 1928, und Der Volksstaat, 27.3.1928, in: Mat., S. 55.

83 Dresdener Neueste Nachrichten, 27. März 1928, in: Mat., S. 59.

84 Hamburger Fremdenblatt, a.a.O.

85 Die Spielpläne der unzähligen Berliner Bühnen weisen ein reichhaltiges Repertoire auch an avantgardistischen Stücken auf. Vgl. dazu die Spielplangestaltung Erwin Piscators, in: Erwin Piscator: Das politische Theater (Berlin 1929), S. 251.

86 Dresdener Volkszeitung, 27.März 1928

87 Siegfried Nestriepke: Das Theater im Wandel der Zeiten (Berlin 1928), S. 418.

88 Dresdener Volkszeitung, a.a.O.

89	Dresdener Neueste Nachrichten, a.a.O.
90	Jhering grenzt sich als Kritiker von den damals herrschenden Auffassungen der Theaterkritik ab. Vgl. H.J.: Der Kampf ums Theater (Berlin 1974)
91	Jhering, Berliner Börsen-Courier, 27. März 1928, in: Mat., S. 53.
92	Ebd., S. 53 f.
93	Dresdener Volkszeitung, a.a.O.
94	Dresdener Nachrichten, 27. März 1928, Mat., S. 61.
95	Der Volksstaat, a.a.O., Mat., S. 55.
96	Ebd.
97	Weimarer Republik, a.a.O., S. 699.
98	Julius Bab: Das Theater der Gegenwart. Geschichte der dramatischen Bühne seit 1870 (Leipzig 1928), S. 191.
99	ders.: "Episches Drama?", in: Die Volksbühne 4 (1929), Nr. 3, S. 113 f.
100	Brecht, GW, a.a.O., Bd. 15, S. 170.
101	ebd., S. 175.
102	Ernst Josef Aufricht: Erzähle damit du dein Recht erweist (Frankfurt a.M. - Berlin 1966), S. 62.
103	Aufricht, a.a.O., S. 87.
104	Weimarer Republik, a.a.O., S. 152.
105	Aufricht schreibt darüber: "Brecht hatte anonym die Regie übernommen. Auf seine Empfehlung hatten wir als Regisseur einen Mann aus der Provinz geholt, der für Berlin nicht genügend qualifiziert war." Aufricht, a.a.O., S. 92.
106	Rudolf Frank: Das moderne Theater (Berlin 1927), S. 64.
107	Die Frage, wie frei ein Regisseur mit einem Text umgehen dürfe, stellt sich auch in der aktuellen Diskussion um ein 'Theater der Regisseure'.
108	Brecht, GW, a.a.O., Bd. 15, S. 192.
109	Eine anschauliche Schilderung der Atmosphäre, die bei der Aufführung herrschte, gibt Aufricht in: Erzähle, a.a.O., S. 93 f.
110	Vgl. Aufrichts Schilderung in: Erzähle, a.a.O., S. 94.
111	Töteberg, Abhängigkeit, a.a.O., S. 79.
112	Weiss: Nochmals: Zensur, in: Das Tagebuch, 10. Jahrgang, Heft 13, 30.März 1929, S. 513 f. (Hervorhebung im Text). Der Tag der Erstaufführung der "Pioniere" in Berlin!
113	Weiss, a.a.O., S. 510.
114	Mat., S. 62.
115	Mat., S. 115 f.
116	Berliner Tageblatt, 2. April 1929, Mat., S. 71.
117	Berliner Börsen-Courier, 2. April 1929, Mat., S. 77.

118 8-Uhr-Abendblatt, Berlin, 2. April 1929, Mat., S. 86.
119 Vgl. die Stellungnahme des Polizeivizepräsidenten Weiss im Kapitel 10 dieser Arbeit
120 Berliner Zeitung, 2. April 1929, Mat., S. 91.
121 "Die Verfassung der neuen deutschen Republik selbst erhielt die Bestimmung, daß keine Zensur mehr zulässig sein solle. Aber freilich, ganz hörten auch nach 1918 die behördlichen Eingriffe in den Spielplan der Bühnen nicht auf. Konnte man nicht mehr in der alten Weise die Aufführung von Stücken unterbinden, so ließen doch die landespolizeilichen Vorschriften 'zur Aufrechterhaltung von Ruhe und Ordnung' noch Möglichkeit genug, die Veranstaltungen zu verhindern." Nestriepke, a.a.O., S. 422 f.
122 Vgl. Theweleit, a.a.O., passim
123 Donaubote, Ingolstadt, 5. April 1929, Mat., S. 106.
124 Rocha, Sinnlichkeit und Sittlichkeit im modernen Theater (Leipzig 1925), S. 3.
125 Die Rote Fahne, Berlin, 12. Jg. 1929. Als Zusatz unter der knappen Kritik findet man noch einen Protest gegen die Zensurmaßnahme.
126 Meta Krauss-Fessel: Frauenarbeit und Frauenemanzipation, in: Hirschfeld, a.a.O., S. 194 f.
127 Siegfried Kracauer: Die Angestellten (Frankfurt 1974), S. 69.
128 Interview mit Rühle, 11. März 1973, Deutschlandfunk, Nachlaß
129 Deutsche Allgemeine Zeitung, 3. April 1929, Mat., S. 81.
130 Theweleit, a.a.O., Bd. 2, S. 76.
131 Walter Benjamin: Gesammelte Schriften, Bd. 4 (Frankfurt a.M. 1972), S. 1029.
132 Benjamin, a.a.O., S. 1029.
133 Ebd.
134 Ebd., S. 1031.
In der Zeitschrift "Tagebuch" entdeckte ich einen Aufsatz mit dem Titel "Die erotische Uniform". Er könnte der Argumentation Kafkas hinzugefügt werden; so heißt es dort beispielsweise: "Allen Respekt vor dem Pazifismus der Frauen, insbesondere vor den ersten Bemühungen ihrer Führerinnen! Aber dieser Pazifismus ist für die Katz, solange sich die Weiblein nicht entschließen können, den Husarenleutnant aus ihrer Phantasie völlig zu streichen und ihr Ideal von männlicher Erscheinung irgendwie auf Zivil umzustellen. Hugo Schulz: Die erotische Uniform, in: Tagebuch 25. Mai 1929, S. 863
135 Benjamin, a.a.O., S. 462.
136 Ebd.
137 Ebd.
138 Ebd.
139 Aufricht, a.a.O., S. 94.
140 Ebd.

141 Ebd.
142 Ebd., S. 95.
143 Interview (eventuell fingierte Fragen), 1953, Nachlaß
144 Aufricht, a.a.O., S. 93.
145 Mat., S. 94.
146 Mat., S. 96.
147 Mat., S. 94.
148 Unter der Überschrift "Die humorlose Stadt" konnte man in einer Notiz, abgedruckt in der Zeitschrift "Literatur" lesen:
"Nie hätte man gehört, daß Engländer Protest erhoben hätten gegen den Export englischer Bühnenstücke, in denen die englische Gesellschaft fragwürdiges Gesicht zeigt.
Aber vielleicht hätte auch Bayern nicht Protest erhoben, wären die 'Pioniere in Ingolstadt' nicht in Berlin, sondern in London aufgeführt worden?"
Die Literatur, Monatsschrift für Literaturfreunde, 31 (Stuttgart und Berlin 1929), S. 440.
149 Unter dem Kapitel "Die bayerische Selbstdarstellung in der Sachliteratur" schreibt Günther Lutz:
"Das traditionsbewußte Wesen des Altbayern wird in der Bavarica-Literatur immer wieder positiv betont. Als Grund dafür läßt sich einerseits feststellen, daß Altbayern seit dem frühen Mittelalter politisch und geographisch eine kontinuierliche Einheit bildet; (...) 'Bauernegoismus und Bauernübermut' sind so für Benno Hubensteiner genauso typisch für das bayerische Wesen wie das konservative Mißtrauen gegen alles Moderne, das 'Technisierung, Vermassung und Gleichmacherei' mit sich bringt."
Günther Lutz: Die Stellung Marieluise Fleißers in der bayerischen Literatur des 20. Jahrhunderts (Frankfurt a.M. 1979), S. 19 f.
150 Feuchtwanger: Erfolg, a.a.O., S. 60 f.
151 Ingolstädter Zeitung, 4. April 1929, zit. nach Mat., S. 98.
152 Der ursprüngliche Titel des Stückes lautete "Die Fußwaschung". Seeler benannte das Stück bei der Uraufführung in Berlin eigenmächtig um. Vgl. dazu Mat., S. 26 ff.
153 Ingolstädter Tageblatt, 9. April 1929, zit. nach Mat., S. 112 f.
154 Donaubote, Ingolstadt 5. April 1929, zit. nach Mat., S. 109.
155 Ingolstädter Zeitung, 6. April 1929, zit. nach Mat., S. 113.
156 ebd.
157 Ingolstädter Zeitung, 20. April 1929, zit. nach Mat., S. 114.
158 Rühle in: Mat., S. 117.
159 ders. in: Mat., S. 118.
160 Mat., S. 119.
161 Mat., S. 121 f.
162 Vgl. Mat., S. 123.

163 Fleißer, zit. nach Mat., S. 125.
164 Berliner Börsenzeitung, 14. Feb. 1931, zit. nach Mat., S. 127.
165 ebd.
166 ebd., S. 129.
167 Berliner Börsen-Courier, 15. Feb. 1931, zit. nach Mat., S. 130.
168 In dieser Situation zeigen sich gewisse Parallelen zu der Figur Berta in "Pioniere". Es sind ähnliche Strukturen: Das Gefühl behindert einen Bewußtwerdungsprozeß.
169 Ihn beschreibt sie in ihrer Erzählung "Avantgarde" unter dem Namen "Nickl" und in ihrem Roman "Eine Zierde für den Verein" nennt sie ihn "Gustl Gillich".
170 Brief des Vaters vom 27. Juni 1929, Hervorhebung im Typoskript, Nachlaß
171 Mat., S. 417.
172 Brief des Vaters, a.a.O.
173 So Marieluise Fleißer über sich, in:Mat., S. 417.
174 Mat., S. 152. Eine Gegenüberstellung der beiden Männer Tychsen und Brecht findet man in ihrem Stück-Fragment "Der Tiefseefisch". Anfang 1930 hatte sie dieses Stück geschrieben, das Aufricht an seinem Theater am Schiffbauerdamm spielen wollte. Später berichtet sie darüber: "Aufricht möchte das Stück spielen, der Chefdramaturg Fischer ist strikt dagegen und berichtet Brecht von dem Stück. Brecht läßt sie durch den Kiepenheuer Verlag wissen, daß das Stück zurückziehen soll, und sie tut es sofort. Sie sieht das Stück nie wieder an. Fleißer in: Mat., S. 418. An diesem Beispiel wird deutlich, wie sehr sie auch noch nach der Trennung unter dem Einfluß Brechts stand. Sicher mischte sich da auch die Angst vor einem potentiellen neuen Skandal mit ein. Sie bearbeitete das Stück jedoch weiter, im Jahre 1972. Es wurde in diesem Jahr in Wien uraufgeführt und seitdem einige Male nachgespielt.
175 Typoskript, Nachlaß. Die genaue Datierung ist nicht rekonstruierbar, Töteberg schreibt jedoch, daß das Typoskript "schon mit Abstand verfaßt" war. Töteberg: Abhängigkeit, a.a.O., S. 80.
176 Vgl. dazu "Avantgarde", GWIII, S. 136.
177 "Situationen", Typoskript, Nachlaß. Auch abgedruckt in: Theater 1979, a.a.O., S. 114 f.
178 Wenn Kässens und Töteberg eine "psychoanalytische Interpretation" fordern, stößt man hier an Grenzen einer literaturwissenschaftlichen Methode. Vgl. Kässens/Töteberg: will durch sie, a.a.O., S. 116.
179 Interview mit Rainer Wagner, März/April 1973, Nachlaß
180 Marieluise Fleißer in Mat., S. 418 f.
181 Autobiographische Notizen, Typoskript, Nachlaß
182 ebd.
183 ebd.
184 Fleißer in Mat., S. 419.

185	Fleißer in Mat., S. 419.
186	ebd.
187	Aus einem Gespräch mit Monika Sperr, in: Deutsche Volkszeitung, 23.12.71.
188	Sie schrieb während jener Zeit noch ein Stück, "Der starke Stamm", ihr einziges Stück, das sie in bayerischem Dialekt verfaßt hat. Vgl. dazu auch das Kapitel 15 dieser Arbeit, in dem ich auf die Verständnisschwierigkeiten außerhalb des bayerischen Raumes hinweise, auf die das Stück stieß.
189	Brief an Dengler vom 18.6.64, Nachlaß
190	Brief an Ruth Debrunner vom 5.12.63, Nachlaß. In einem anderen Brief an Hermann Kesten vom 20.11.64, Nachlaß, schreibt sie: "Es scheint, außerhalb von Bayern tun sich die Leute schwer, die Sprache zu lesen."
191	Brief an Göpfert vom 20.6.62, Nachlaß
192	Therese Giehse: Ich hab nichts zum Sagen. Gespräche mit Monika Sperr, Reinbek bei Hamburg 1976, S. 143.
193	Eine vom Berliner Ensemble projektierte Inszenierung kam jedoch nicht zustande.
194	Brief an Fritz Voitel vom 26.12.62, Nachlaß
195	Eine detaillierte Beschreibung der Änderungen in der Bearbeitung findet man in den Anmerkungen zum Stück, GWI, S. 447 f.
196	Der Autokauf ist in der Neufassung weggelassen.
197	Vgl. GWI, S. 442: "Soldaten waren für mich unbekannte Wesen (...)"
198	In einem Interview mit Rühle, a.a.O., vom 11.3.73, sagte Marieluise Fleißer dazu: "Ich meine, ich habe nichts gegen das Militär. Ich empfinde das Militär als notwendiges Übel, so wollen wir mal sagen, die Leute können ja aber nichts dafür, daß sie Soldaten sein müssen."
199	Für den rangunterstenen Pionier Korl sind es die Frauen. Elias Canetti schreibt über das Unterdrückungsphänomen in seinem Buch: Masse und Macht (Frankfurt a.M. 1980), S. 61: "Jeder Befehl hinterläßt in dem, der gezwungen ist, ihn auszuführen, einen peinlichen Stachel zurück. (...) Menschen, denen viel befohlen wird und die von solchen Stacheln ganz erfüllt sind, verspüren einen starken Drang, sich ihrer zu entledigen. Auf zweierlei Weise läßt sich eine Befreiung von ihnen erlangen. Sie können Befehle, die sie von oben empfangen haben, nach unten weitergeben; dazu müssen Tieferstehende da sein, die bereit sind, Befehle von ihnen entgegenzunehmen." (Hervorhebung im Text)
200	Marieluise Fleißer bringt zwei authentische Fälle in die Bearbeitung ein, die sie erst durch ihren Ehemann erfahren hat. Sie sagt darüber in den Anmerkungen zum Stück: "Einen Teil der Handlung habe ich hinausgeschmissen und dafür zwei Ereignisse hineingenommen, die damals wirklich vorgefallen sind bei den Pionieren aus Küstrin, die ich damals nur noch nicht wußte: Den Holzdiebstahl an der entstehenden Pionierbrücke durch vier junge Leute des Männerturnvereins, welche das Brückenholz für ihren Badesteg stehlen und im Wasser verstecken, und das Absaufenlassen des Feldwebels (in Wirklichkeit kein Feldwebel, sondern ein Gemeiner.) GWI, S. 447. Über den Sabotageakt Korls hinaus, der in der Frühfassung noch von Fabian vor-

genommen wurde, und bei dem der Feldwebel nur in den Schlamm stürzt, lassen einige Pioniere, darunter auch Korl, ihn bei einem 'Bootsunfall' auf der Donau ertrinken, wobei Fabian zum Zeugen wird.

201 Auch Horváth hat die Problematik junger Frauen, die sich über eine wirtschaftliche Notlage durch Prostitution hinweghelfen mußten, in seinem Stück "Kasimir und Karoline" beschrieben; dort läßt er die junge Maria zu ihrer Freundin sagen: "(...) So sei doch nicht so feig. Wir kriegen ja zehn Mark. Du fünf und ich fünf. Denk doch auch ein bißchen an deine Zahlungsbefehle." Horváth, a.a.O., Bd. 1, S. 310. Dazu sagt Friedhelm Roth in seinem Aufsatz: Volkstümlichkeit und Realismus? Zur Wirkungsgeschichte der Theaterstücke von Marieluise Fleißer und Ödön von Horváth, in: Diskurs 6/7 (1973) H.3/4, S. 77-104, S. 87: "Er (Horváth in "Das Fräulein wird verkauft" - B.S.) thematisiert Prostitution als Überlebenstechnik der proletarisierten Angestellten."

202 Den Unterschied zwischen Horváthschem/Fleißerschem und Brechtschem Realismus weist Walter Dimter in seinem Aufsatz: Die ausgestellte Gesellschaft. Zum Volksstück Horváths, der Fleißer und ihrer Nachfolger, in: Theater und Gesellschaft 1973, S. 221 nach: "Das Volksstück Brechts zeigt Prozesse emanzipativer Art. (...) Der Optimismus Brechts hinsichtlich einer veränderbaren Realität fehlt bei ihnen (Horváth und Fleißer - B.S.) weitgehend."

203 Notiz: Hier, was ich mir über die Pioniere denke, vom 29.4.72, Nachlaß

204 Dimter: Die ausgestellte Gesellschaft, a.a.O., S. 223.

205 Fleißer, Notiz, a.a.O., Nachlaß

206 Mat., S. 348.

207 Federico Fellini über seinen Film "La Strada".

208 Marieluise Fleißer: Hier, was ich mir über die "Pioniere" denke, a.a.O.

209 ebd.

210 Süddeutsche Zeitung, München, 3. März 1970, zit. nach Mat., S. 239.

211 ebd.

212 Botho Strauß: Bürgerdämmerung auf der Bühne, in: Theater heute Jg. (1970) H. 4, S. 18.

213 Roth: Volkstümlichkeit, a.a.O., S. 81.

214 ebd.

215 Theater heute Jg. (1967) H. 7, S. 14. Günther Herburger schrieb im selben Jahr einen Aufsatz, in dem er auf die Darstellung des Privaten als Thema einer neuen Prosa hinweist: "Das Postulat heißt: was wir alle kennen, soll neu, also fremd gesehen werden. (...) Der Rausch der Weltschau findet nicht mehr statt." Herburger: Was ich sehen möchte, was mich stört, in: Theater heute Jg. (1967) H. 3, S. 14. Friedhelm Roth analysiert die Spielzeit 1966/67 als den "Anfang (einer) Entwicklung: Abkehr von den verschiedenen Formen des poetischen, absurden und dokumentarischen Theaters, Vulgarisierung des dramatischen Dialogs und literarische Erkundung der vorzugsweise süddeutschen Provinz." Roth: Volkstümlichkeit, a.a.O., S. 77.

216 Rischbieter: Zurück zu, a.a.O., S. 17.

217 Rischbieter: Zurück zu, a.a.O., S. 16.

218 Vgl. dazu Dimter: Die ausgestellte, a.a.O., S. 221.

219 A. Forster: Mit Ingolstadt ist eine Lebensform gemeint, in: Generalanzeiger Wuppertal, 29. April 1971, zit. nach Mat., S. 352.

220 ebd.

221 Horváth sah die Problematik so: "(...) will man als Autor wahrhaft gestalten, so muß man der völligen Zersetzung der Dialekte durch den Bildungsjargon Rechnung tragen." GW, a.a.O., Bd. 1, S. 11.

222 Kroetz: Liegt die Dummheit auf der Hand?, in: Süddeutsche Zeitung, 20./21. November 1971, zit. nach Mat., S. 382 f.

223 Forster: Mit Ingolstadt, a.a.O., S. 352.

224 ebd.

225 Vgl. dazu Marieluise Fleißers Beschreibung des Brechtschen Interesses am Dialekt in "Frühe Begegnung" (GW II): "Er hatte es mit dem Volksmund, der kam nicht von ungefähr. Über den winzigen Satz 'da kenn i nix' konnte Brecht ausführlich reden und über die verfeinernde Verwandlung im Menschen, wenn er in seinen Angelegenheiten nichts mehr ausrichtet, weil er eben dann 'was kennt'." S. 300.

226 Vgl. dazu die Dialoge zwischen Berta und Karl, vor allem in der Frühfassung der "Pioniere".

227 Kroetz: Liegt die, a.a.O., S. 383.

228 ebd.

229 a.a.O.

230 ebd., S. 96.

231 ebd.

232 ebd.

233 ebd., S. 99.

234 ebd., S. 101.

235 Interview: Ich schreibe nicht über Dinge, die ich verachte. Ich bin für mich sehr interessant, in: Theater heute Jg. (1980), H. 7, S. 18.

236 ebd.

237 zit. nach Mat., S. 252.

238 Brief vom 17.9.73, Nachlaß. Der Fassbinder-Film wurde als deutscher Beitrag zu den Filmfestspielen nach Cannes geschickt.

239 Vgl. dazu Mat. und Kässens/Töteberg: Marieluise Fleißer, a.a.O., S. 91 f.

240 ebd., S. 91.

241 Auch das von mir zitierte Kroetz-Interview scheint auf diese Tendenz, zumindest was seine Dramatik anbelangt, zuzutreffen. Vgl. auch die Bochumer Inszenierung der "Pioniere" von Raymund Richter aus der Spielzeit 78/79, die sich in ihrer Interpretation stark auf Theweleits "Männerphantasien", a.a.O., stützt. In den "Männerphantasien" wird der Versuch unter-

nommen, die Faschismus-Diskussion von einem psychoanalytischen Ansatz her aufzurollen.

242 Kroetz-Interview, a.a.O., S. 18.
243 Kässens/Töteberg: Marieluise Fleißer, a.a.O., S. 61.

LITERATURVERZEICHNIS

AUFRICHT, Ernst Josef: Erzähle, damit du dein Recht erweist (Frankfurt a.M./ Berlin 1966)

BAB, Julius: "Episches Drama?", in: Die Volksbühne 4 (1929), S. 113-118

ders.: Das Theater der Gegenwart. Geschichte der dramatischen Bühne seit 1870 (Leipzig 1928)

BOIE-GROTZ, Kirsten: Brecht - der unbekannte Erzähler. Die Prosa 1913-1934 (Stuttgart 1978)

BRECHT, Bertolt: Gesammelte Werke in 20 Bänden. Bd. 15: Schriften zum Theater I (Frankfurt a.M. 1967)

ders.: Schriften zur Literatur und Kunst I. 1920-1932 (Frankfurt a.M. 1967)

ders.: Tagebücher 192/-1922. Autobiographische Aufzeichnungen 1920-1954 (Frankfurt a.M. 1978 (= es 979))

BRONNEN, Arnolt: Tage mit Brecht (Darmstadt und Neuwied 1976) (= Sammlung Luchterhand 172)

CANETTI, Elias: Masse und Macht (Frankfurt a.M. 1980) (= Fischer Tb 6544)

DIMTER, Walter: Die ausgestellte Gesellschaft. Zum Volksstück Horváths, der Fleißer und ihrer Nachfolger, in: Theater und Gesellschaft 1973, S. 219-245

DUCASSE, Isidor (d.i. Lautréamont): Poesie, Hamburg 1979

ENDRES, Elisabeth: Verführt von der bösen Avantgarde, in: Die Zeit, 25. September 1964

FEUCHTWANGER, Lion: Erfolg (Berlin und Weimar 1973)

FLEISSER, Marieluise: Gesammelte Werke. Bd. 1-3. Hrsg. von Günther Rühle (Frankfurt a.M. 1972)

FRANK, Rudolf: Das moderne Theater (Berlin 1927)

GIEHSE, Therese: Ich hab nichts zum Sagen. Gespräche mit Monika Sperr, (Reinbek bei Hamburg 1976) (= rororo 1914)

HAUPTMANN, Elisabeth: Notizen über Brechts Arbeit 1926, in: Sinn und Form 9 (1957), S. 241-243

HERBURGER, Günther: Was ich sehen möchte, was mich stört, in: Theater heute Jg. (1967), H. 3, S. 14-16

HIRSCHFELD, Magnus (Hg.): Zwischen zwei Katstrophen. Sittengeschichte 1918-1933 (Hanau am Main 1966)

HORVATH, Ödön von: Gesammelte Werke in 8 Bänden. Hrsg. von Traugott Krischke und Dieter Hildebrandt, Bd. 1 (Frankfurt a.M. 1972)

JHERING, Herbert: Der Kampf ums Theater und andere Streitschriften 1918-1933 (Berlin 1974)

KÄSSENS, Wend / Michael Töteberg: Marieluise Fleißer (München 1979) (= Dramatiker des Welttheaters, dtv 6875)

dies.: "will durch sie durchtauchen wie Wasser", in: Theater 1979. Jahrbuch der Zeitschrift "Theater heute" (Seelze 1979), S. 110-116

dies.: ... fast schon ein Auftrag von Brecht. Marieluise Fleißers Drama "Pioniere in Ingolstadt", in: Brecht-Jahrbuch 1976. Hrsg. von John Fuegi, Reinhold Grimm und Jost Hermand (Frankfurt a.M. 1976), S. 101-119 (= es 853)

KASSNER, Ilse / Susanne Lorenz: Trauer muß Aspasia tragen (München 1977)

KLUCSARITS, Richard / Friedrich G. Kürbisch (Hg.): Arbeiterinnen kämpfen um ihr Recht (Wuppertal 1977)

KÖNNEKER, Marie-Luise (Hg.): Mädchenjahre. Ihre Geschichte in Bildern und Texten (Darmstadt und Neuwied 1978)

KRACAUER, Siegfried: Die Angestellten (Frankfurt a.M. 1974)(= st 13)

KROETZ, Franz Xaver: Ich schreibe nicht über Dinge, die ich verachte. Ich bin für mich sehr interessant, in: Theater heute Jg. (1980), H. 7, S. 18 f.

DIE LITERATUR. Monatsschrift für Literaturfreunde 31 (1929)

LORENZ, Charlotte: Der Frauenüberschuß im Deutschen Reich, in: Die Frau 34 (1926/27), S. 491-493

LUTZ, Günther: Die Stellung der Marieluise Fleißer in der bayerischen Literatur des 20. Jahrhunderts (Frankfurt a.M. 1979) (= Europäische Hochschulschriften, Reihe 1: Deutsche Literatur und Germanistik, Bd. 312)

MARCUSE, Ludwig: Mein zwanzigstes Jahrhundert (München 1960)

McGOWAN, Moray: Kette und Schuß. Zur Dramatik der Marieluise Fleißer, in: Text und Kritik 64, 1979, S. 11-34

MEYER, Emanuele: Vom Mädchen zur Frau (Stuttgart 1918)

NESTRIEPKE, Siegfried: Das Theater im Wandel der Zeiten (Berlin o.J.) (1928)

PISCATOR, Erwin: Das politische Theater (Berlin o.J.) (1929)

RADDATZ, Fritz J.: Ent-weiblichte Eschatologie. Bertolt Brechts revolutionärer Gegenmythos, in: Bertolt Brecht II. Hrsg. von Heinz Ludwig Arnold (= Sonderband von Text und Kritik), S. 152-159

REICKE, Ilse: Frauenbewegung und -erziehung (München 1921)

RIMBAUD, Arthur: Poetische Werke. Hrsg. von Hans Therre und Rainer G. Schmidt. Bd. 1: Prosa. Eine Zeit in der Hölle. Licht-Spuren (München 1979)

RISCHBIETER, Henning: Zurück zu den Kleinbürgern. Zur Situation der deutschen Dramatik am Beispiel von vier Uraufführungen, in: Theater heute Jg. (1967), H. 7, S. 14-17

ROCHA, Bohumil: Sinnlichkeit und Sittlichkeit im modernen Theater (Leipzig 1925)

RODA RODA: Die Kummerziege und andere Dienstbotengeschichten (Frankfurt a.M. 1980) (= Fischer Tb 2465)

RÜHLE, Günther (Hg.): Materialien zum Leben und Schreiben der Marieluise Fleißer (Frankfurt a.M. 1973) (= es 594)

SCHILLER, Friedrich: Über naive und sentimentalische Dichtung (Stuttgart 1966) (= RUB 7756/57)

SCHULZ, Hugo: Die erotische Uniform, in: Das Tagebuch 10.Jg., 25. Mai 1929, S. 862-864

STORFER, A.J.: Wörter und ihre Schicksale (Berlin/Zürich 1935)

STRAUSS, Botho: Bürgerdämmerung auf der Bühne, in: Theater heute Jg. (1970), H. 4, S. 18-25

TEXT UND KRITIK, 64: Marieluise Fleißer (München 1979)

THEWELEIT, Klaus: Männerphantasien. Bd. 1 und 2 (Frankfurt a.M. 1977)

TÖTEBERG, Michael: Abhängigkeit und Förderung. Marieluise Fleißers Beziehungen zu Bertolt Brecht, in: Text und Kritik, 64 (München 1979), S. 74-87

ders.: Ein Mißverständnis, in: Merkur Jg. (1977), S. 698-700

ders.: Die Urfassung von Marieluise Fleißers "Pioniere in Ingolstadt", in: Maske und Kothurn 23 (1977), S. 119-121

WEICKER, Alexander: Fetzen. Aus der abenteuerlichen Chronika eines Überflüssigen (München 1921)

WEIMARER REPUBLIK. Hrsg. vom Kunstamt Kreuzberg und dem Institut für Theaterwissenschaft der Universität Köln (Berlin und Hamburg 1977) (= Elefanten Press 4)

WEININGER, Otto: Geschlecht und Charakter (Wien und Leipzig ^{26}1925)

WEISS, R.: Nochmals: Zensur, in: Das Tagebuch 10.Jg., 30. März 1929, S. 509-514

ZIKEL, Heinz: Das Sexualleben der Frauen. Handbuch der Geschlechtslehre und Gefühlshygiene für Frauen und Erzieher (Berlin o.J.) (1918)

Rezensionen, die nicht in den "Materialien" abgedruckt sind:

K.: "Pioniere in Ingolstadt", in: Die Rote Fahne (Berlin, 3. April 1929)

REICHELT, Johannes: "Pioniere in Ingolstadt", in: Hamburger Fremdenblatt, 29. März 1928

WS: "Pioniere in Ingolstadt", in: Dresdener Volkszeitung, 27. März 1928

Das Thema der vorliegenden Arbeit ist die Geschichte um Marieluise Fleißers Theaterstück "Pioniere in Ingolstadt". Sie ist eng verknüpft mit der Biographie Marieluise Fleißers, da ihr Schreiben stark autobiographisch geprägt war.

Marieluise Fleißers literarische Entdeckung fiel in eine Zeit, die eine besondere Vielzahl widersprüchlicher Strömungen in sich vereinte: die Zwanziger Jahre.

In jenen Jahren arbeitete sie mit der Avantgarde zusammen, mit Bertolt Brecht und dessen Kreis. Brecht war es auch, der sie zum Schreiben der 'Pioniere in Ingolstadt" anregte und das Stück 1929 zur Aufführung in Berlin brachte. Die Inszenierung, die zum größten Teil von Brecht besorgt wurde, provozierte einen Skandal. Das Stück fiel der Zensur zum Opfer, wurde dann jedoch - in entschärfter Form - weitergespielt.

In meiner Arbeit versuche ich zu beweisen, daß es sich um einen 'inszenierten' Skandal handelte, dessen gesellschaftspolitischer Zusammenhang in der Umstrukturierung der Weimarer Republik zu einem faschistischen Herrschaftssystem zu suchen ist.

Der Theaterskandal hatte schwerwiegende Konsequenzen für Marieluise Fleißer. Sie wurde dadurch von Brecht getrennt und fühlte sich in einer Zeit der Orientierungslosigkeit allein gelassen. Unter den Nationalsozialisten erhielt sie Schreibverbot. Die enge Verknüpfung von Gefühlen, von persönlichen Bindungen und literarischem Schaffen machte ihr eine Emigration unmöglich. Sie konnte sich nicht von dem Land trennen, das die Basis für ihr Schreiben war, dessen Menschen, Gebräuche und Leben sie in einer ihr vertrauten Sprache beschrieb. Ihre persönlichen Lebensumstände und die politischen Bedingungen hinderten sie für lange Zeit an ihrer schriftstellerischen Arbeit.

Die Diskontinuität ihres Lebensweges, den sie einst aus künstlerischer Berufung einschlug, beweist, von welch großer Bedeutung die Sozialisation eines Menschen, besonders die einer Frau, ist: Geprägt durch eine restriktive Klostererziehung, durch ein bürgerliches Elternhaus, mangelte es Marieluise Fleißer immer wieder an Selbstvertrauen, sich als Künstlerin durchzusetzen. Wunsch und Realität bildeten in ihrem Leben eine große Diskrepanz. Gerade diese Problematik ist von großer Bedeutung: Marieluise Fleißers Leben ist in dieser Hinsicht beispielhaft, und es gilt, Strukturen herauszuarbeiten, die diesem Leben zugrunde liegen und auch auf die Jetzt-Zeit übertragbar sind.

Im zweiten Teil dieser Arbeit beschäftige ich mich mit der Bearbeitung des Stükkes von 1968 und dessen Rezeption in den siebziger Jahren. Dabei konzentriere ich mich im besonderen auf die Diskussion um ein "Neues Volkstheater", die gegen Ende der 60er Jahre aufkam.

The topic of this M.A. thesis is the background and history of Marieluise Fleißer's play "Pioniere in Ingolstadt". There are close links with the biography of Marieluise Fleißer herself, since her work was strongly autobiographical.

Interest in Marieluise Fleißer arose in the 20s, a time characterized by a multitude of contradictory trends. At this time she was working with others of the avant garde, with Bertolt Brecht and his circle. It was Brecht who encouraged her to write "Pioniere in Ingolstadt" and who also staged the play in Berlin in 1929. This production, for which Brecht was to a considerable extent responsible, provoked a scandal. The play was then censored, and continued to run in a new less objectionable form.

In this thesis I try to demonstrate that the scandal was a 'put up job', to be seen socio-politically in connection with the restructuring of the Weimar Republic as a fascist system.

The scandal had serious consequences for Marieluise Fleißer. As a result she separated from Brecht and she felt alone in a disorientated era. She was forbidden to write by the National Socialists. A combination of feelings, personal connections and literary creation made it impossible for her to emigrate. She simply could not leave the country, which formed the basis of her literary work, whose people, customs and life she described in a language she was familiar with. For a long time personal and political circumstances prevented her from writing.

This discontinuity in her life, during which she had once taken up creative writing as a calling, shows how very important social integration is, particularly in the case of a woman. Marieluise Fleißer was shaped by a restrictive education in a school run by nuns, by her bourgeois parents, and as a result she was always lacking in self-confidence in herself as an artist. In her life there was a great discrepancy between what she wanted and reality. It is precisely this problem that is of great importance. In this respect Marieluise Fleißer's life is examplary, and it is important to discover factors behind it that can be transferred to the present.

The second part of this thesis deals with the 1968 version of the play and its reception in the 70s. In this section I concentrate in particular on the discussion of a "Neues Volkstheater" (new theatre for the people), which arose towards the end of the 60s.

STUDIEN ZUM THEATER, FILM UND FERNSEHEN

Band 1 Harald Buhlan: *Theatersammlung und Öffentlichkeit*. Vorüberlegungen für ein Konzept von 'Theatermuseum'. 1982.

Band 2 Barbara Stritzke: Marieluise Fleißer, *"Pioniere in Ingolstadt"*. 1982.

Band 3 Meinhard Moschner: Fernsehen in Lateinamerika. Strukturen und Widersprüche einer abhängigen Kulturproduktion unter besonderer Berücksichtigung der Entwicklung in Kolumbien, Peru und Chile. 1982.